영혼이 단단한 아이들; 피아노로 내면의
힘을 키우는 어느 학원의 브랜딩 이야기

영혼이 단단한 아이들;
피아노로 내면의 힘을 키우는 어느 학원의 브랜딩 이야기

초판 1쇄 발행 2025년 1월 31일

지은이 : 서혜린
발행인 : 박요철
편집장 : 박요철
편집 : 이은영
디자인 : 홍은비

펴낸 곳 : 비버북스
출판신고 : 2024년 8월 14일 제 2024-000104호
주소 : 경기도 성남시 분당구 서현로478번길 7
문의 : hiclean@gmail.com
ISBN : 979-11-988900-1-6(03320)
값 17,900원

이 책은 저작권법에 의해 보호받는 저작물이므로 무단 전제와 무단 복제를 금지하며이 책 내용의 전부 또는 일부를 인용하거나 발췌하려면 반드시 저작권자와 비버북스의 서면 동의를 받아야 합니다.

파본이나 잘못된 책은 구입하신 곳에서 바꿔드립니다.

이 도서의 국립중앙도서관 출판예정도서목록(CIP)은 서지정보유통지원시스템 홈페이지(scoji.nlgo.kr)와 국가자료공동목록시스템(www.nlgo.kr/kolisnet)에서 이용하실 수 있습니다.

영혼이 단단한 아이들; 피아노로 내면의 힘을 키우는 어느 학원의 브랜딩 이야기

추천사

강효정 (세광 교육 연구소 소장)

이 책은 삶 전체를 바꿔주는 피아노 교육의 가치를 보여주고, 예술교육의 본질을 꿰뚫는 프로페셔널 브랜딩의 중요성을 알려준다. 급변하는 세상에서 같은 고민을 안은 피아노 선생님들에게 귀한 인사이트를 선사할 것이라 믿는다. 어떤 위기가 와도 사랑하는 천직을 놓을 수 없다는 간절함으로 키워온 피아노학원! 그녀의 올곧은 노력은 수많은 학생들을 감동시켰고, 학부모와 가족들의 삶까지 변화시켰다! 아이 마음 한 구석에 구멍이 난 줄 모르고 쏟아붓기에 바쁜 이 시대 부모들에게도 꼭 권하고 싶은 책.

홍자영 (Jayoung Hong, Director of Keyboard Studies and Associate Professor of Piano at NNU, USA)

이 책은 교육 현장에 대한 깊이 있는 이해와 사업 운영의 현실적인 전략을 융합하여 성공적인 음악 교육 사업의 방향을 제시하고 있습니다. 교육자의 시각과 사업가의 시각을 균형 있게 다루면서 학원 경영, 브랜딩, 컨설팅 등 현장에서 마주치는 구체적인 문제들에 대한 명쾌한 해답을 제시하는 점이 인상적입니다. 음악 교사 및 학원 운영을 희망하는 모든 분들에게 실질적인 도움이 될 것입니다.

김미숙 (감정코칭협회 수석강사 및 하하부모교육상담연구소 소장)

원고를 받고 단숨에 읽었습니다. 피아노 교육에 대한 저자의 깊은 열정이 이 책에 담긴 여정 속에 고스란히 녹아있네요. 이곳에서 피아노를 배울 수 있는 아이들이 참 부럽습니다. 음악 교육, 특히 피아노와 같은 악기를 배우는 과정에서 아이들은 다양한 감정을 표현하고, 작곡가의 의도와 감정을 이해하며 연주를 통해 공감 능력을 키워갑니다. 또한, 음악을 연주하는 동안 요구되는 집중력과 자기조절 능력은 불안이나 분노같은 감정을 관리하는 데도 큰 도움이 됩니다. 이 책을 아이들의 교육과 성장을 깊이 고민하는 학부모님께 추천드립니다.

김용석 (작은 기업을 위한 브랜딩 법칙 ZERO저자)

일의 본질을 깊이 고민한 사람만이 자신만의 언어로 일을 정의할 수 있습니다. 서혜린 원장은 이러한 치열한 고민을 통해 자신의 업(業)의 본질을 찾아낸 전문가입니다. 이 책은 그녀의 여정과 통찰을 담아, 피아노 학원을 운영하는 분들은 물론, 사업을 하는 분들에게도 실질적인 해결책을 제시합니다. 자신의 일을 새롭게 정의하고, 진정한 의미와 가능성을 발견하고 싶은 분들께 추천합니다.

문정심 (교수)

이 책은 피아노 교육자로 오기까지 음악 교육의 본질을 탐구하고 찾는 열정적인 저자의 발자취를 볼 수 있다. 피아노 교육에 대한 필요성과 진정한 가치관을 찾아보며 각박한 세상에서 삶을 풍성하게 해줄 수 있는 감정표현과 희열을 피아노를 배우며 얻을 수 있다고 강조한다. 이플 피아노 학원의 개원과 성장기, 브랜딩, 교육 노하우를 컨설팅으로 연결하기까지 과정으로 교육과 사업의 균형과 꿈을 이뤄나가는 모습을 보여준다. 음악을 배우는 이들 뿐만 아니라 이 책을 읽는 이들에게 음악의 의미를 알게하고 영혼의 단단함을 선사한다.

경수현 ('마음읽기 수면교육' 책 저자이자 국내 수면교육 컨설팅 선구자)

음악은 아이들에게 단순한 기술이 아니라, 감정을 표현하고 마음을 치유하는 특별한 도구입니다. 저는 아이들의 감정과 신호를 읽고 이를 수용함으로써 수면 문제를 해결하는 '마음읽기 수면교육'의 창시자이자 감정코칭 1급 수련자로서, 정서적 필요를 이해하고 돕는 것이 모든 교육의 출발점이라고 믿습니다. 이 책은 피아노 교육이 단순히 음악을 배우는 것을 넘어, 아이들의 감정을 이해하고 자신감을 키우는 데 얼마나 중요한 역할을 하는지 저자의 깊은 경험과 통찰로 전합니다. 정서 교육과 음악 교육의 조화를 고민하는 모든 부모님과, 아이들에게 피아노를 가르치는 데 열정을 가진 선생님들께 진심으로 이 책을 추천합니다.

김예지 (금호아트홀 음향감독)

『영혼이 단단한 아이들』은 피아노 교육의 본질과 가치를 새롭게 조명하며, 그 진정성과 깊이를 재발견하게 해주는 놀라운 책입니다. 또한, 나 자신과 내 업을 돌아볼 수 있는 깊은 성찰의 기회도 선사하는 이 책은 음악과 관련된 분야에 종사하는 사람뿐만 아니라, 업에 대해 고민하고 있는 모든분들에게 추천합니다."

황현중 (두들리안 타악기 앙상블 대표)

『영혼이 단단한 아이들』은 음악 교육이 아이들의 내면과 감성을 단단히 키우는 힘을 생생히 보여줍니다. 예술의 본질과 가치를 고민해온 사람 중 한명으로서, 이 책은 교육자와 예술가 모두에게 깊은 울림과 영감을 주는 작품이라 확신합니다

김혜수 (마지막 마케팅 대표)

"피아노 학원 원장님이라면 반드시 읽어야 할 책!" 피아노 교육과 사업 그 사이에서 고민하고 계시다면? 고집있고 깊은 브랜드가 탄생하기 위한 모든 과정을 담은 흥미로운 책! 피아노학원의 본질에 대한 인사이트를 공유하고 안내한다.

프롤로그 - 이 책을 시작하며

"흔들리더라도 뿌리가 깊다면 다시 꽃을 피울 수 있다."

아이들의 꿈을 키우고, 그 과정을 지켜보는 일은 제 삶에서 가장 소중한 경험이었습니다. 2018년, 부족했지만 열정과 패기 하나로 시작한 저의 음악학원은 어느새 많은 아이와 학부모가 함께 웃고 울며 성장하는 따뜻한 공간이 되었습니다. 그 과정 속에서 저는 아이들이 피아노를 배우는 것이 단순히 연주 실력을 키우는 일뿐만 아니라, 스스로를 이해하고 표현하는 법을 배우는 시간이라는 것을 깨달았습니다.

그동안 저는 아이들이 학원에서 피아노를 배우는 것 이상의 무언가를 얻어 가기를 바랐습니다. 그저 연습을 잘하고 대회에서 상을 타는 것이 목표가 아니라, 피아노를 통해 자신의 감정을 표현하고 성장해 나가는 아이들이 되기를 소망했습니다. 하지만 마음과는 다르게 현실은 녹록지 않았습니다. 학생 수는 늘지 않았고, 학원을 운영하는 일은 하루하루 버거운 싸움일 때도 있었습니다. 학원을 그만두어야겠다는 생각도 수없이 했던 그때, 저는 처음으로 '진짜 중요한 것이 무엇인가?'라는 음악 교육에 대한 본질적인 질문들을 스스로에게 끊임없이 던졌습니다. 운영에 대한 고민과 시행착오, 아이들을 지도하며 느꼈던 보람과 갈등까지, 이 모든 경험은 저를 성장하게 했고, 결국 이 책을 쓰게 만든 원동력이 되었습니다. 이 책은 그런 저의 이야기를 담은 책입니다. 학원 운영과 교육에 대한 경험을 바탕으로, 피아노 교육이 아이들의 마음을 단단하게 만드는 과정이라는 것을 전하고 싶었습니다.

이 책이 유초등 자녀를 둔 부모님들에게는 음악 교육이 단순한 취미를 넘어 아이의 정서 발달과 자기표현 능력을 키우는 중요한 도구가 될 수 있다는 메시지를 전하기를 바랍니다. 또한, 학원 원장님들에게는 생생한 이야기를 통한 공감과 실질적인 팁을 담은 운영 노하우를 통해 작은 도움과 동기부여가 되기를 바랍니다. 학원 운영을 고민하는 원장님들과 예비 창업자들께는 새로운 도전의 용기를 주는 책이 되기를 기대합니다. 그리고 미래의 진로를 고민하는 피아노과 학생들에게는 자신의 꿈을 구체화할 수 있는 희망의 불씨가 되어주기를 바랍니다. 제가 이 책을 통해 나눈 이야기들이 독자 여러분의 삶에 작은 변화의 씨앗이 되기를 바랍니다. 이 책이 성장의 도구가 되어, 함께 꽃을 피우고 열매를 맺는 시간이 되기를 간절히 소망합니다.

그리고…
제가 학원을 시작하고 운영하면서 넘어야 할 수많은 고비와 도전을 이겨낼 수 있었던 가장 큰 이유는 언제나 든든한 버팀목이 되어준 엄마 덕분입니다. 주변의 또래 엄마들이 여행을 다니거나 자신을 위해 시간을 보내는 동안에도, 저의 꿈을 위해 많은 부분을 희생하시며 늘 지혜로운 조언과 묵묵히 응원을 아끼지 않으셨던 엄마에게 깊은 감사의 마음을 전합니다. 이 책이 엄마를 비롯한 저의 가족에게도 작은 선물이 되기를 진심으로 바랍니다.

서혜린 씀.

목차

프롤로그

1장. 우리는 왜 피아노를 가르치는가
스물 셋, 피아노 학원을 인수하다
코로나 바이러스가 찾아오다
우리는 왜 피아노를 가르치는가

2장. 피아노 교육의 본질
우리는 무엇을 가르치고 있는가
감성지능이란 무엇인가
피아노와 감성교육

3장. 피아노를 가르치는 일
가르친다는 것의 희열
피아노를 가르치면 달라지는 것들
피아노 학원과 선생님

4장. 사업가와 교육자 사이에서
피아노 교육의 현실

예술하는 아이의 뇌
교육은 사업일 수 있는가

5장. 학원 운영의 노하우
치열한 교육시장에서 살아남는 법
올곧게 진심을 다하는 법
피아노 학원을 선택하는 기준

6장. 이플피아노를 브랜딩하다
이플다움을 찾아서
이플피아노, 컨셉을 찾다
내 업의 격을 높이는 법

부록
1. 티칭
2. 운영 노하우
3. 브랜딩
4. 마케팅

에필로그

1장. 우리는 왜 피아노를 가르치는가

스물 셋, 피아노 학원을 인수하다

코로나 바이러스가 찾아오다

우리는 왜 피아노를 가르치는가

스물셋, 피아노 학원을 인수하다

스물셋, 젊은 패기 하나만 믿고 덜컥 학원을 인수했습니다. 분명 지난주가 대학교 졸업식이었는데 나도 모르는 새 피아노 학원의 원장이 되어 있더라고요. 사실 저는 4학년 때부터 유학을 준비하고 있었어요. 저녁이면 수업을 마치고 강남 해커스에서 토플 수업을 듣고, 독서실에서 새벽까지 영어 공부를 했죠. 주말이면 토플 시험을 보고 와서 지쳐 잠들곤 했습니다. 누가 봐도 영락없는 피아노과 유학 준비생 그 자체의 삶을 살고 있었던 셈입니다. 그렇게 대학교 마지막 학기를 마치고 원주에 있는 집으로 내려왔습니다. 이제 부모님께 제 유학 계획에 관해 설명해드릴 생각이었어요. 정말 설레고 기대가 되었습니다.

하지만 부모님은 제가 이렇게까지 진심으로 유학을 준비하고 있는지 모르고 계신 듯했습니다. 저는 지금까지 이러이러한 준비를 해왔고, 학교는 이곳저곳을 지원해 보고 싶고, 오디션은 이때 이때 받을 예정이라며, 완벽히 세팅된 계획을 열정을 담아 말씀드렸습니다. 하지만 제 초롱초롱한 눈빛을 바라보시는 어머니의 모습에서는 기대가 아닌 걱정스러운 낯빛이 묻어났습니다. 이제 갓 대학을 졸업했는데 또 그 비싼 유학 학비를 생각하니 부담이 되셨던 겁니다.

순간 이성적으로는 이해가 되지만, 감정적으로는 서운함과 허탈감이 물밀듯 밀려왔습니다. '아, 내가 당장은 갈 수가 없겠구나….' 이런 생각을 했던 저는 참 어리고 철없는 대학생임이 분명했습니다.

유학의 꿈을 접고

아쉬운 마음을 뒤로하고 저 나름대로 마음을 다잡으며 마지막 겨울 방학을 보내던 중이었습니다. 집에서만 시간을 보내는 게 무료하기도 하고, 무언가 내가 할 일을 찾아봐야 하지 않을까, 피아노 학원에서 강사 일이라도 알아볼까 하며 구인 사이트를 열심히 들락거리던 때였습니다. 마침 집 근처에 피아노 학원 매물이 있다는 사실을 알게 되었습니다. 평소에 지나다니며 종종 보았던 곳이기도 하고, 이 학원은 어떤 곳일까 하는 궁금한 생각에 가벼운 마음으로 구경을 갔습니다. 그리고 일주일 정도 지났을까요? 그 학원은 어느새 우리 학원이 되어 있었습니다.

대학교 때 오랫동안 강사로 일해 보기도 했던 저는 학원을 운영하는 것도 별반 다르지 않겠지, 아마 잘할 수 있을 거라는 오만하고 가벼운 생각으로 덜컥 학원을 계약하게 되었습니다. 지금 생각하면 선생님들께 업의 본질을 찾아야 한다고 외치고 있는 저의 모습이 얼마나 부끄러운지 모릅니다. 사실 저의 학원 인수는 어떤 교육 목표나 뚜렷한 비전에 의해 시작된 일이 아니었습니다. 그저 막연히 재미있겠다는 생각에 한 치의 고민도 없이 시작한 일이었습니다. 유학에 대한 미련이 많았기에 학원을 운영하면 강사로 일할 때보다 빠르게 학비를 모을 수 있겠다는 기대도 적지 않았습니다.

어떠한 준비도, 계획도, 목표도 없이 저는 시작치고는 꽤 규모가 큰 학원을 인수했습니다. 당시 스물셋의 제 나이를 생각해 보면 지금도 아찔할 따름입니다. 사람들은 어떻게 그렇게 어린 나이에 학원을 시작했냐며 제게 묻곤 합니다. 하지만 저는 해줄 말이 없습니다. 오히려 너무 몰랐기에 가능했던 일이었는지도 모릅니다. 그렇게 지금의 이플피아노 학원이 시작되었습니다. 보통의 원장님들은 학원을 예쁘게 꾸미고 싶은 욕심에 인테리어에 각별히 신경을 쓰곤 합니다. 하지만 저는 젊은 저와 전혀 어울리지 않는 꽃무늬 벽지의 학원을 털끝 하나 건드리지 않았습니다. 그저 급히 간판만 바꿔 달았을 뿐입니다.

"와, 내 학원이 생기다니. 너무 설렌다."

저는 마냥 신나고 즐거웠습니다. 그래도 이왕 시작하는 거 정말 열심히 해야겠다는 생각뿐이었습니다. 그렇게 저는 첫 출근을 기대하며 잠이 들었습니다. 앞으로 다가올 고난과 역경은 전혀 모른 채 말입니다.

내 인생 최고의 생일 선물

2018년 2월 21일, 처음으로 아이들을 만났던 날입니다. 제 생일이기도 했기에 그 날짜를 잊을 수가 없습니다. 내 생애 최고의 생일 선물을 받았다는 생각에 두근거리던 그때의 기분이 아직도 생생합니다. "얘들아, 안녕! 반가워! 이제 너희들을 가르치게 될 서혜린 선생님이라고 해. 잘 부탁해!" 저는 한껏 톤을 높여 아이들에게 인사했습니다. 하지만 아이들의 반응은 기대와는 전혀 달랐습니다. "뭐야, 신입생이세요?"라며 저를 본체도 안 하는 아이들도 있었습니다. 순간 쿵 하고 심장이 내려앉는 기분이 들었습니다. 밤새 내가 기대한 반응과는 전혀 달랐기 때문입니다. 은근히 유리 멘탈인 저는 학원을 시작한 첫날부터 '이거 뭔가 잘못됐다' 싶은 직감에 살짝 몸을 떨었습니다.

그래도 학부모께는 인사를 드려야 했습니다. "어머님, 안녕하세요! 새롭게 아이들을 맡게 된 원장 서혜린입니다." 그렇게 학부모께 전화를 돌렸습니다. 어찌나 떨리던지 대본을 준비해 종이에 적힌 그대로 그냥 줄줄 읽어 내려갔습니다. 새로 바뀐 원장이 궁금해서 직접 보러 오신 분도 계셨습니다. 하지만 부모님들의 눈빛에는 '이렇게 어린 사람이 원장이라고?' 하는 의심과 걱정이 잔뜩 묻어났습니다. 저를 위아래로 훑어보는 모습을 보며 선생님으로서 신뢰를 받고 있다는 느낌은 전혀 받을 수 없었습니다. 요즘에야 워낙 젊은 원장님들이 많아지는 추세지만, 그때는 달랐습니다.

주변에 있는 학원만 해도 연륜 있는 40~50대 원장님들이 대부분이었기에 당연한 반응이었을 수도 있습니다. 물론 당시의 제 기분 탓이었을 수도 있습니다. 그렇게 첫날 수업을 마치고 집에 돌아와 베개가 흠뻑 젖을 정도로 엉엉 울었습니다. 하지만 진짜 고난은 그다음 날부터 시작되었습니다. 내 앞에서 책을 집어 던지는 아이, 기사님께 욕하고 소리치는 아이, 레슨을 받기 싫다며 떼쓰는 아이, 간식은 왜 안 주냐는 아이, 왜 게임 안 하고 레슨만 하냐며 재미없다고 학원을 끊겠다는 아이…. 지옥 같은 하루가 연속되었습니다.

'과연 이런 아이들에게 좋은 선생님이 될 수 있을까?' 갈수록 있던 자신감도 슬금슬금 사라지고 있었습니다. '과연 다시 기틀을 잡고 내가 원하는 학원으로 변화시킬 수 있을까? 아니, 당장 내일은 견딜 수 있을까?' 호기롭게 시작했던 열의에 찬 내 모습은 온데간데없이 사라지고, 걱정과 두려움으로 가득한 하루하루가 지나가고 있었습니다.

그렇게 선생님이 되다

그럼에도 저는 발버둥을 쳤습니다. 나이 들어 보이려고 일부러 어른스러운 옷을 골라 입었습니다. 생전 처음으로 앞머리도 길렀습니다. 매일 아침 옷을 입으며 어려 보이지 않는지 고민하는 것이 일상이 되었습니다. 결제하러 오신 학부모를 만날 때면 정말 쥐구멍에 숨고 싶을 정도로 그 순간을 피하고 싶은 마음뿐이었습니다. 레슨을 하다가도 아이들이 무심코 던진 한마디에 기분이 롤러코스터를 타곤 했습니다. 그렇게 흔들리는 나 자신을 마주할 때마다 '왜 이렇게 나약하냐'며 스스로를 책망하고 다그칠 뿐이었습니다. 엎친 데 덮친 격으로 학원을 시작하자마자 콩쿨이 코앞에 다가와 있었습니다. 일단 급한 불이라도 끄자는 생각에 눈과 귀를 모두 닫고 콩쿨 레슨에만 집중했습니다. 아이들을 봐주고 또 봐주며 저녁 늦게까지 최선을 다해 지도했습니다.

어떤 날은 아이들과 함께 퇴근할 때도 있었습니다. 그런데 참 신기하게도, 그렇게 상처를 받으면서도 막상 레슨에 들어가면 행복해지곤 했습니다. 아이들을 가르치는 순간만큼은 없던 에너지가 생겨났습니다. 모든 힘든 일을 다 잊고 수업을 즐기고 있는 나 자신을 발견하곤 했습니다. 아이들 역시 그런 저의 모습을 보며 조금씩 마음의 문을 열고 있다는 것이 느껴졌습니다.

"선생님, 그다음 저 레슨 예약이에요! 꼭 해주셔야 해요!"
"선생님! 학교 끝나자마자 달려왔어요!"

이렇게 나와의 레슨 시간만을 기다리는 아이들이 생겨나기 시작했습니다. 시종일관 무표정으로 일관하던 아이들이 조금씩 웃기 시작했습니다. 자기 이야기를 꺼내기도 하고, 제 간식을 챙겨왔다며 수줍게 사탕을 올려놓고 가는 아이도 있었습니다. 스승의 날에는 꼭 대상을 받아 선생님을 행복하게 해주겠다는 내용의 손 편지를 받기도 했습니다. 이런 아이들을 보며 저는 처음으로 이 일을 계속할 수 있을 것 같다는 희망을 보았습니다. 그렇습니다. 제가 어려서 경험이 부족했던 것도 맞습니다. 그래서 아이들과 학부모들에게 신뢰를 주지 못한 것도 당연했습니다. 제가 지금 부족한 것도 사실이고, 아무런 준비 없이 시작한 것도 틀린 말이 아니니, 나 자신을 증명하는 길은 한 가지밖에 없었습니다. 정말 열심히 가르쳐서 아이들의 실력을 눈에 띄게 향상시키는 일이었습니다.

진심으로 한 명 한 명을 정성껏 대하며 피아노와 학원을 좋아하게 만드는 방법밖에는 없었습니다. 그렇게 아이들이 피아노를 잘 치게 되면 학부모도 자연스럽게 저를 인정해 주실 거라고 생각했습니다. 스스로 이렇게 되뇌었습니다. '이제 그만 상처받고 노력해 보자. 이왕 시작한 거 제대로 해 보자. 이제 나를 좋아해 주는 아이들도 생겼잖아.' 그렇게 마음을 굳게 먹었습니다.

대학원에 들어가다

아이들에게 더 좋은 교육을 제공하고 싶은 욕심이 점점 커졌습니다. 그렇다고 못 이룬 학업의 꿈을 포기한 것도 아니었습니다. 그렇게 개원 후 다음 해에 성신여자대학교 대학원 반주학과에 입학했습니다. 학원 운영과 학업을 병행하는 삶을 한마디로 표현하자면 '나는 누구, 여긴 어디'와 같았습니다. 내가 지금 어디에 있는지 가끔 헷갈릴 때도 있었습니다. 기차를 타면 수업을 받으러 가는 길임을 알았고, 학원에 있으면 아이들을 가르치고 있는지 알아차릴 뿐이었습니다. 마치 시계 속 바늘처럼 같은 곳을 왔다 갔다 할 뿐이었습니다.

새벽 기차를 타고 서울에 가서 1교시 수업을 듣고 나면 끝나자마자 청량리역으로 달려가야 했습니다. 대학원 동기들과 함께 맛있는 점심을 먹고 예쁜 카페에 가고 싶었지만, 학원을 서둘러 가야 했기에 어쩔 수가 없었습니다. 그렇게 기차를 타고 원주에 도착해 오후 3시쯤 학원에서 열심히 레슨을 했습니다. 아이들의 수업을 모두 마치고 적막이 흐르는 캄캄한 저녁 시간이 되면 피아노 연습을 시작했습니다. 연속으로 이틀 학교에 가야 하는 일이 생기면 아예 학원에 매트리스를 깔고 연습했습니다. 그 다음 날 바로 서울로 가기 위해서였습니다.

지금 생각해도 무엇 때문에 그렇게 열심히 공부하고 일했는지 알 수 없을 만큼, 하루하루를 치열하게 살았습니다. 당시 매주 감당해야 하는 과제의 양은 엄청났습니다. 성악 가곡 10곡을 포함해 기악 소나타 전 악장을 어느 정도 연주 가능한 수준까지 익혀야 했습니다. 하루도 연습을 빼놓을 수 없었습니다. 어느 날은 정말 오랜만에 친척들이 다 함께 모여 저녁을 먹기로 했습니다. 저 역시 식당 근처까지 가긴 했지만, 너무 불안하고 걱정이 되어 도로 학원으로 돌아온 적도 있었습니다. 내가 무슨 고3 수

힘생도 아니고, 왜 이렇게 마음을 졸이는지 나 자신도 알 길이 없었습니다. 소소한 일상의 행복을 누리는 일도 사치처럼 느껴졌습니다.

코로나 바이러스가 찾아오다

　제가 전공한 반주과는 졸업 요건으로 다른 학교의 수업 반주자로 실습을 해야 했습니다. 어느 날은 세상 처음 보는 10페이지가 넘는 바로크 시대 합창곡 악보를 준비해야 했습니다. 유튜브에도 나오지 않는, 생소한 박자와 복잡한 리듬으로 구성된 곡이었죠. 정말이지 아무리 봐도 이해하기 어려운 곡이었습니다. 합창 수업에서는 각 성부마다 단선율을 연주해야 했고, 성부끼리 연습을 시켜주는 역할도 해야 했기에, 곡을 완벽히 숙지하지 않으면 수업 진행 자체가 어려웠습니다. 반주자가 틀리면 수업이 중단될 수 있었기에 정말 연습을 많이 했습니다. 하지만 내 연주가 제대로 된 것인지 확신할 수 없었고, 벌벌 떨며 첫 수업에 들어갔습니다. 불길한 예감은 역시 틀리지 않았습니다. 계속 박자를 놓치며 실수를 반복하는 저를 향한 교수님과 학생들의 따가운 눈빛이 비수처럼 가슴에 꽂혔습니다.

"반주자 때문에 도저히 진행이 안 되네요. 연습 좀 해오세요."

두 시간이 스무 시간처럼 느껴졌던 수업이 끝났습니다. 문을 닫고 나오는 순간부터 학원에 도착할 때까지 서러움에 복받친 눈물이 쉴 새 없이 흘렀습니다. 그날 썼던 일기를 지금 봐도 너무 마음이 아픕니다. 그렇게 겨우겨우 학원으로 돌아왔지만, 레슨을 해야 하는 제 상황이 너무 벅차게 느껴졌습니다.

'오늘은 정말 레슨을 못할 것 같다. 힘들다. 지금 이 상태에서 아이들을 좋은 마음으로 대할 수 있을까?' 하는 걱정이 머릿속을 가득 채운 채 학원에 들어섰습니다. 그런데 아이들이 우르르 몰려 나왔습니다. 어떤 아이는 제게 달려와 안기며 웃어 보였습니다. 그 순간, 눈물로 얼룩진 하루였지만, 아이들의 해맑은 모습에 마음이 조금씩 녹아내렸습니다.

선생님의 어릴 적 꿈은 뭐였나요?

"원장 선생님! 왜 이제야 오세요!"

"우와, 선생님 오셨다."

학원에 돌아왔을 때 느꼈던 그 따뜻한 온기를 지금도 잊을 수 없습니다. '아, 드디어 내 공간에 왔구나!' 하는 위로와 안도감이 밀려들며, 그날 하루의 온갖 힘든 일들이 눈처럼 녹아내렸습니다. 그제야 저는 우리 학원이 얼마나 소중한 공간인지 깨닫게 되었고, 아이들이 제게 얼마나 특별한 존재인지 알게 되었습니다. 이후로 학교에서 힘든 일이 있을 때면 얼른 학원에 가서 아이들을 가르치고 싶다는 마음이 들었습니다. 학원은 제가 가장 기대되는 장소, 가장 편안하게 숨 쉴 수 있는 공간으로 변화했습니다.

하지만 졸업을 절반 정도 남겨둔 2020년, 거짓말처럼 코로나 바이러스가 찾아왔습니다. 전국 학원에 휴원령이 내려졌고, 제대로 된 운영은커녕 하루하루가 불안의 연속이었습니다. 학원을 계속 열어도 불안하고, 닫아도 불안한 날들이 이어졌습니다. 이 시기를 지나온 학원 원장님들이나 자영업자분들, 그리고 코로나로 인해 큰 타격을 받은 수많은 분이 이 지옥 같은 날들을 기억하실 겁니다.

당시 저는 이제 조금만 더 하면 학업도 마치고, 학원도 나와 결이 맞는 아이들로 채워질 것 같다는 희망이 피어오르던 시점에 있었습니다. 어느 정도 경험이 쌓이며 자신감이 싹을 틔우고 있었고, 고생 끝에 조금씩 안정되어가는 시기였습니다. 그래서 진짜 학원에 올인할 각오로 하루하루를 보내던 때였습니다.

그런데 갑작스럽게 코로나라는 불청객이 찾아왔습니다. '왜 나한테 이런 시련이 찾아오는 걸까?' 현실을 이해하기 어려웠습니다. 월세는 몇 달 치가 밀렸고, 실기 시험 때는 솔리스트 선생님께 드릴 페이가 없어 생활비 대출을 받기도 했습니다. 그저 열심히 일만 해온 저에게 왜 이런 빚과 어려움이 생기는지 이해할 수 없었고, 현실을 원망하던 시기였습니다.

이 모든 상황은 마치 도무지 끝이 보이지 않는 긴 터널에 갇혀 있는 기분이었습니다. 하지만 그 터널 속에서도 학원과 아이들을 지키고자 하는 제 마음은 흔들리지 않았습니다.

휴원 권고령 문자

저는 지금도 가끔 초심을 잃지 않기 위해 휴원 권고령 문자를 찾아보곤 합니다. 그 문자를 보기만 해도 복잡다단한 감정이 밀려옵니다. 정신이 바짝 들면서도, 뭐라 형언하기 어려운 기분이 들곤 합니다. 코로나 시기에 아이들이 고작 두 명 등원했던 날이 허다했습니다. 매일 포털 사이트에 들어가 확진자 수와 백신 관련 기사를 수도 없이 확인하며, '내일은 조금 나아질까?'라는 희망 고문을 반복했습니다. 아침에 일어나 교육청에서 새로운 방침을 내릴까 두려워하며 문자를 확인하는 게 습관이 되었던 시기였습니다.

'다섯 명만 등원했으면 좋겠다.'

정말 그 바람 하나만 간절히 품던 어느 날, 무려 10명이 넘는 아이들이 등원했습니다. 얼마나 반갑고 고맙고 행복했는지 모릅니다. 그날 저는 생애 가장 열정적인 레슨을 했던 것 같습니다. 아이들을 다시 보니 너무 기뻤고, 다른 아이들도 하루빨리 다시 보고 싶었습니다. '빨리 예전으로 돌아가고 싶다.' 너무나 당연하고 평범했던 일상이 얼마나 소중했는지 뼈저리게 깨닫던 시기였습니다. 지금 와서 돌이켜보면, 어떻게 버텼는지 스스로 대견하게 느낄 때도 있습니다. 이제는 웃으며 이야기할 수 있을 정도로 희미한 기억으로 남아 있지만, 두 번 다시 겪고 싶지 않은 날들이었습니다.

2021년 하반기, 결코 끝나지 않을 것 같았던 코로나도 어느새 사람들의 기억 속에서 희미해지기 시작했습니다. 저는 남은 학업을 다시 시작해 만족스럽게 마칠 수 있었습니다. 한때는 학업을 포기할까 고민한 적도 있었지만, 마지막 학기만큼은 후회 없이 잘 마무리하고 싶었습니다. 그래서 한 학기를 남겨두고 1년 동안 휴학을 하며 마음을 다잡았습니다. 그렇게 주어진 4학기, 3개월 남짓한 시간은 저에게 너무도 소중했습니다. 그런데 그 시기, 학원에서 한 원생이 제게 이런 말을 했습니다.

"선생님은 요즘 우리가 아닌 선생님한테만 집중하는 것 같아요."

그 말을 듣는 순간, 미안함과 충격이 이루 말할 수 없을 정도로 컸습니다. 학원에서만큼은 최대한 아이들에게 집중하려고 노력했지만, 결국 제 마음은 학업과 학원 사이에서 흔들리고 있었던 모양입니다. 아이의 말은 저를 돌아보게 만들었습니다. '내가 진정으로 아이들에게 최선을 다하고 있는 걸까?' 그 순간부터 저는 제 자리에서 무엇이 중요한지 다시 고민하기 시작했습니다.

매 순간 최선을 다하는 이유

지금 생각해 보니, 가끔 짬이 날 때도 마음이 급한 나머지 그 시간을 졸업 리사이틀 연습으로 채우곤 했습니다. 보통 같았으면 아이들과 이야기도 나누고, 좀 더 눈길을 주며 시간을 보냈을 텐데 말입니다. 그런 제 모습을 보며 애써 참았을 아이를 생각하니 너무 미안하고 속상했습니다. 그런데 그 아이가 문득 제게 이런 질문을 던졌습니다.

"선생님은 옛날에 꿈이 뭐였어요?"

저는 웃으며 대답했습니다.

"선생님은 피아노 선생님 하고 싶었어!"

그러자 아이는 눈이 휘둥그레지며 대답했습니다.

"우와, 선생님은 그럼 꿈을 이루신 거네요!"

환하게 웃던 그 순수하고 사랑이 많던 아이의 표정을 저는 지금도 잊을 수 없습니다. 하지만 하루는 정말 아끼던 그 아이가 며칠 후 학원을 그만둔다는 연락을 받았습니다. 만감이 교차했습니다. 학원을 운영한다는 것은 단순한 일이 아니었습니다. 얼마나 많은 책임감과 헌신이 필요한 일인지 온몸으로 체감하던 때였습니다. 선생님이라는 직업이 아이들에게 얼마나 큰 영향을 미치는지 다시금 깨닫게 되었습니다.

그즈음 저는 제 일하는 태도에 대해 누구보다 깊게 고민하고 있었습니다. 코로나도 지나갔고, 대학원도 마쳤으며, 다사다난했던 그동안의 시간도 어느 정도 정리가 되는 시점이었습니다. '내년부터는 새롭게 나아가 보자.' 그렇게 다짐했습니다. 학원 외의 반주 일도 모두 정리하고, 우리 아이들에게만 온전히 집중하기로 마음먹었습니다. 아이들에게 서운함을 느끼게 하지 않도록, 선생님으로서 최선을 다하기로 결심했습니다. 그렇게 저의 태도와 마음가짐에도 많은 변화가 생겨났습니다.

제가 자신 있게 말할 수 있는 단 한 가지는, 어떤 때에도 대충 레슨을 한 적은 없다는 것입니다. 학원 운영에 관해서는 빵점일지 모르겠지만, 좋은 선생님의 기준이 무엇이든, 저는 기본만큼은 꼭 지키려 애썼습니다. 그런 스스로의 다짐 덕분에 순간순간의 레슨에 최선을 다했습니다.

아이들을 더 잘 가르치고 싶은 마음에, 1~2학년의 어린 아이들을 될 때까지 붙잡고 연습을 시킨 적도 많았습니다. 연습을 너무 하지 않는 아이에게는 날 선 목소리로 잔소리를 하기도 했습니다. 하지만 집에 돌아와서 그날을 돌아보면, '왜 그렇게 말했을까?' 후회스럽기도 했습니다. 가끔은 인내심에 한계를 느껴 아이를 혼내기도 했습니다. 그 방법이 좋지 않다는 걸 알면서도 어쩔 수 없었던 제 자신이 싫어서 또 낙담하곤 했습니다. 부족하고 미성숙한 선생님이었습니다.

하지만 제가 유일하게 잘하는 일은 '열심히 아이들을 가르치는 것'이었습니다. 그렇게 최선을 다하면 아이들의 실력이 늘고, 학부모님들께 신뢰를 얻으며 학원도 잘될 것이라 믿었습니다. 공을 들인 콩쿠르에서도 점점 더 좋은 성과가 나오기 시작했습니다. 이쁠피아노 학원의 초창기 멤버였던 아이들이 성장하는 모습을 보며 학부모님들도 저를 더 신뢰해 주셨습니다. 피아노를 좋아하는 아이들도 점점 많아졌고, 겉으로는 학원에 큰 문제는 없었습니다.

그런데 이상하게도 학원 운영은 나아지지 않았습니다. '도대체 뭐가 문제일까? 내가 무엇을 놓치고 있는 걸까?' 답답하고 막막한 마음이 이어졌습니다.

30년 조율사 사장님의 조언

이제 모든 준비가 다 되었는데도 아이들은 왜 들어오지 않는 걸까? 왜 수입은 늘지 않고 내 상황은 여전히 어려운 걸까? 심지어 '아, 나는 이 일을 하면 안 되는구나. 나랑 안 맞는 일인가 보다.' 하는 생각까지 들었습니다. 아직 젊으니 새로운 일에 도전해도 되지 않을까 싶었습니다. 그러다 보니 하루빨리 학원을 정리하고 다른 업을 찾아보겠다는 생각까지도 하게 되었습니다.

그러던 어느 날, 30년 이상 조율사로 일해 오신 사장님께서 문득 이런 말씀을 하셨습니다. "앞으로 피아노 학원은 점점 더 힘들어질 수 있어요. 공무원이나 공기업을 준비하는 게 훨씬 안정적일 거예요." 그 말은 저에게 더욱 깊은 혼란을 안겨줬습니다. 현실은 물론 미래에 대한 불안으로 가득했던 시기였기에, 혹시 모를 미래를 대비해야겠다는 생각이 들었습니다. 그래서 NCS 문제집을 사고 토익 공부를 시작했습니다. 공기업에 다니는 분께 회사 정보를 물어보며 몇 시간씩 이야기를 나누기도 했습니다. 그 시기의 제 삶은 한마디로 '망연자실'이었습니다. 주위는 회색빛으로 가득했고, 앞이 보이지 않는 막막함이 밀려왔습니다.

물론 저는 학원 일이 너무 좋습니다. 여건만 된다면 계속하고 싶었습니다. 레슨은 저에게 즐거움이었고, 아이들의 성장하는 모습은 엄청난 보람과 에너지가 되었습니다. 아이들은 물론, 이 공간에도 정이 깊이 들었습니다. 이플피아노는 제 20대 초반의 전부라고 해도 과언이 아니었기 때문입니다. 세상에 첫발을 내디딘 저의 첫 번째 도전이 실패로 끝날지도 모른다는 사실을 받아들이는 게 너무 어려웠습니다. 그래서 저는 남은 하반기의 콩쿨을 마친 뒤, 겨울 방학 동안 학원을 정리할 생각을 했습니다. 그리고 내년부터는 나의 진로를 다시 한번 고민해 보자고 마음먹었습니다. 그렇게 저는 학원 운영을 접을 준비를 하며, 점점 희미해져 가는 꿈과 현실 사이에서 갈등하고 있었습니다.

우리는 왜 피아노를 가르치는가

여느 날과 다름없이 새벽에 책을 읽던 중이었습니다. 불현듯 피아노가 연주하고 싶어졌습니다. 저는 책상 옆에 놓인 전자피아노로 다가가 떠오르는 곡들을 연주하기 시작했습니다. 쇼팽의 녹턴 1번, 베토벤의 비창 2악장, 슈만의 트로이메라이, 리스트의 위안 등등…. 시간이 흐를수록 마음은 점점 평온해졌고, 잡생각은 사라졌습니다. 무엇보다 기분이 좋아졌습니다. 문득, 제게 이런 재능이 주어졌음이 얼마나 감사한 일인지 떠올랐습니다. 또한, 좋아하는 일을 하며 살고 있는 지금의 제 삶이 얼마나 행복한지도 생각하게 되었습니다. '당연한 것들은 너무 익숙한 나머지 그 소중함을 잊기 쉽다.'는 말이 있습니다. 제게 피아노가 바로 그런 존재였습니다. 그 새벽, 저는 내가 음악과 예술을 즐길 줄 아는 축복받은 사람이라는 사실을 다시금 깨달았습니다. 그리고 음악을 가르치는 일이 얼마나 소중하고 특별한 것인지도 다시 한번 깊이 생각하게 되었습니다.

내가 피아노를 가르치는 이유

어느 여름날, 금요일 아침이었습니다. 그날은 우리 어머니와 비슷한 연배의 성인 두 분이 레슨을 받으러 오시는 날이었습니다. 그중 한 분은 음악에 대한 열정과 진심이 남다른, 삶의 에너지가 넘치는 분이셨습니다. 그분은 평소와 다름없이 진지한 태도로 레슨에 임하셨습니다. 꼼꼼히 필기를 하고 틈틈이 질문을 던지며, 피아노 연주에 대한 고민을 털어놓기도 하셨습니다. 레슨을 마치고 학원을 나가시며 그분은 문득 이런 말씀을 하셨습니다.

"피아노를 배우고 나서 삶이 더 풍요로워지고 힘을 얻는 것 같아요. 어려운 일이 있어도 피아노 연주 덕분에 버티고 있어요. 위로도 되고, 힐링도 되네요."

또 다른 한 분은 얼마 전 소중한 가족을 떠나보낸 아픔을 간직한 분이셨습니다. 오랫동안 슬픔 속에 잠겨 있다가, 그날만큼은 '이대로는 안 되겠다.' 싶어 집을 나서셨다고 했습니다. 그리고 집 근처 가장 먼저 보이는 피아노 학원의 간판을 보고 무턱대고 들어오셨다고 하셨습니다. 바로 그곳이 우리 학원이었습니다.

　그분은 그날 등록을 하고 곧바로 레슨을 시작하셨습니다. 처음엔 단순히 취미로 피아노를 배우시는 줄로만 알았습니다. 하지만 레슨을 진행하며 저는 피아노가 단순한 취미가 아니라, 그분의 마음을 다잡아주고 버티게 해주는 무언가라는 사실을 알게 되었습니다. 그날 두 분의 레슨을 마치고 저는 학원에 남아 거의 한 시간 이상 멍하니 앉아 생각에 잠겼습니다. '나는 지금 무슨 일을 하고 있는가? 내가 몸담은 이 업의 진정한 가치는 무엇인가?' 오랫동안 곱씹으며 스스로에게 질문을 던졌습니다. 그분들에게 저는 단순히 정해진 시간 동안 피아노를 가르치는 사람이 아니었습니다. 저의 업은 누군가에게는 위로가 되고, 또 다른 누군가에게는 희망이 되는 일이었습니다. 문득, 제가 참 보람되고 특별한 일을 하는 사람이구나, 하는 행복감이 밀려들었습니다. 그날 느꼈던 감정과 다짐들은 제게 깊은 울림을 주었습니다. 그리고 저는 그날의 깨달음과 다짐을 오래도록 간직하고 싶었습니다. '내가 하는 이 일이 누군가에게 삶의 버팀목이 될 수 있다는 것, 그것만으로도 나는 충분히 특별한 일을 하고 있다.'는 사실을 마음 깊이 새겼습니다.

요즘 들어 부쩍 많은 선생님께서 학원 운영에 대한 어려움을 토로하시는 모습을 보곤 합니다. 어떤 분은 '이제 다른 업을 찾아야 하나?' 하는 고민을 하시기도 하고, 또 어떤 분은 이런 생각 자체를 할 마음의 여유조차 없는 상황에 놓여 있기도 합니다. 하지만 이럴 때일수록 우리는 우리의 업에 대해 더 깊이 고민해야 합니다. 우리는 왜 이 일을 하고 있는지, 그리고 왜 계속 해야만 하는지에 대해 스스로 질문하고 그 답을 찾아야 합니다.

'내가 지금 하고 있는 이 일이 나와 다른 사람들에게 어떤 의미를 가지는가?' '내가 진정으로 중요하게 생각하는 가치는 무엇인가?' 이런 본질적인 질문에 답을 구하는 과정은 단순히 어려움을 극복하기 위한 도구를 찾는 것을 넘어, 우리가 선택한 길에 대한 확신과 동기를 되찾는 중요한 기회가 될 것입니다. 우리가 왜 일을 하는지에 대한 답은, 그 길을 계속 걸어갈 수 있는 힘의 원천이 될 수 있습니다.

이 놀랍고 멋진 직업 앞에서

저는 전국의 수많은 피아노 학원 선생님들이 이 멋진 직업을 놓치지 않기를 바랍니다. 음악이 주는 이 놀라운 힘을 가르치는 일에 자부심을 느끼기를 바랍니다. 아울러, 우리가 왜 이 일을 하고 있는지 좀 더 깊이 고민할 수 있었으면 좋겠습니다. 그래야만 선생님 스스로 자기 업의 의미를 찾을 수 있다고 믿기 때문입니다.

가끔 피아노 카페를 찾아보면 신입이 들어오지 않아 고민하는 원장님들의 글을 보곤 합니다. 이 직업의 미래에 대해 진지하게 고민하고 계신 분들도 종종 만납니다. 저 역시 폐원의 위기까지 겪어 본 사람입니다. 물론 지금은 그 위기를 딛고 안정적인 운영을 하고 있습니다. 하지만 어려운 때일수록 경기와 같은 외부적인 요인에서 답을 찾아서는 안 됩니다. 그럴수록 냉정하고 객관적인 시선으로 우리 업의 본질을 고민해 보아야 합니다. 내가 어떤 일을 하고 있는지, 이 일을 왜 계속해야만 하는지에 대한 답을 스스로 찾을 수 있어야 합니다.

저 역시 하루는 내가 왜 피아노를 시작했을까 하는 궁금증이 생겼습니다. 그래서 어머니께 왜 나를 피아노 학원에 보냈는지 넌지시 여쭤보았습니다. 하지만 돌아온 대답은 조금 허탈했습니다. 어머니는 특별한 이유 없이, 그냥 재미있는 취미 생활 정도로 생각하고 보내셨다고 했습니다. 돌이켜보면 내가 초등학생이던 무렵만 해도 피아노와 태권도는 아이들이 가장 많이 배우는 예능 과목들이었습니다. 뚜렷한 교육적 목표가 있어서 보낸 부모님들은 아마 많지 않았을 것입니다. 우리 어머니처럼 다들 배우니까 자연스럽게 학원에 보냈던 것이 분명합니다. 하지만 요즘은 많이 달라졌습니다. 학부모는 더 이상 아무 학원에나 아이를 보내지 않습니다. 피아노 학원 말고도 보낼 수 있는 예체능 학원이 정말 많아졌기 때문입니다. 미술학원, 무용학원뿐만 아니라 유도, 가라테, 합기도, 특공무술 등 운동 학원도 다양화되었습니다.

이런 추세에 맞춰 선생님들의 실력도 전문화되고 있습니다. 모든 분야의 학원 원장님들이 저마다의 분야에서 최고의 교육과 서비스를 제공하기 위해 정말 노력하고 있습니다. 특히 잘되는 학원들은 전문적인 커리큘럼을 가진 곳이 많습니다. 미술학원, 영어학원, 수학학원은 프랜차이즈도 적지 않습니다.

하지만 그런 학원 중에 피아노 학원은 많지 않습니다. 과연 그 이유는 무엇일까요? 개개인에 특화된 교육을 해야 하는 1:1 개인 레슨 방식 때문일까요? 아니면 또 다른 이유가 있는 것일까요?

손등에 볼펜을 맞던 추억

사실 피아노 학원의 경우, 전공자가 아니어도 누구나 운영할 수 있습니다. 그렇기에 과거 피아노 학원을 운영하시는 분들 중에는 전공자가 아닌 분들도 매우 많았습니다. 대부분의 음악 학원에서는 기초 교재로 바이엘과 체르니만을 사용했고, 비슷한 교수법으로 아이들을 지도하는 경우가 많았습니다. 이 시기의 피아노 학원은 아이들의 보육과 관리 위주의 운영을 하는 곳이 적지 않았습니다. 그러다 보니 음악 교육의 본질적인 가치가 평가절하되는 경향이 있었습니다. 피아노 교육에 대한 필요성이 낮아진 것은 어쩌면 이러한 이유 때문일지도 모릅니다.

그때 피아노를 배우셨던 학부모들 중에는 피아노 학원을 지루하고 재미없는 곳으로 기억하시는 분들도 많으신 것 같습니다. 피아노 학원과 관련된 SNS 질문들을 보다 보면 하농, 체르니를 연습하기가 싫었다거나, 손등을 볼펜으로 맞았다거나, 7년을 다녔어도 악보를 못 본다는 글을 보게 됩니다. 이런 댓글을 보면 안타깝기도 하고 화가 나기도 합니다. 과거의 좋지 못한 경험이 오늘날 아이들의 피아노 교육에 어떤 식으로든 영향을 미치고 있기 때문입니다.

하지만 지금의 피아노 학원은 여러 면에서 매우 달라졌습니다. 요즘의 피아노 학원 원장님들 중에는 석사 이상의 전문성을 갖춘 분들이 많습니다. 수십 년간 피아노만 공부해 온 유능한 분들도 자주 만날 수 있습니다. 이뿐만 아니라, 시중에는 바이엘과 체르니 외에도 유익하고 좋은 피아노 교재가 넘쳐납니다. 다채로운 음악 교구들과 교육 프로그램도 많아, 아이들은 언제든지 높은 퀄리티의 음악 교육을 받을 수 있게 되었습니다.

제가 생각하기에, 피아노 선생님들 중에는 대체로 진지하고 학구열이 강하신 분들이 많습니다. 무엇보다 아이들을 가르치는 일에 진심을 다하십니다. 저 역시 아이들이 진정으로 음악을 사랑할 수 있도록 가르치기 위해 다양한 노력을 기울이고 있습니다.

피아노를 가르친다는 것은 결국 아이들이 자신의 마음을 자유롭게 표현할 수 있도록 돕는 것을 뜻합니다. 연주는 소리를 매개로 하여 감정을 표현하는 과정입니다. 그 과정에서 누군가는 즐거움을, 누군가는 공감과 위로를, 또 누군가는 감동을 경험하고 전달합니다. 이 모든 것이 바로 음악이자 예술입니다.

그렇다면 우리는 왜 이 일을 하고 있는 것일까요? 왜 아이들에게 피아노를 가르치는 것일까요? 그것은 피아노를 통해 아이들이 자신의 감정을 자유롭게 표현할 수 있도록 돕기 위해서입니다. 따라서 피아노를 가르치는 선생님이라면 아이들에게 단순히 기술을 전수하는 것을 넘어, 어떻게 하면 마음을 담아 연주할 수 있는지를 가르칠 수 있어야 합니다. 피아노는 단순히 소리를 내는 악기가 아니라, 아이들이 자신을 표현하고 세상과 소통하는 도구라는 점을 기억해야 합니다.

내가 피아노를 가르치는 이유

과거의 피아노 학원은 초등학교에 입학하고 나면 자연스럽게 다니게 되는 그런 곳이었습니다. 물론 요즘에는 4세, 6세 유치부 아이들의 학부모께서 문의를 하기도 합니다. 간혹 몇몇 부모는 1학년 때보다는 2, 3학년 내지는 고학년 때 배워야 좀 더 빨리 진도를 나갈 수 있다고 생각하십니다. 저는 이런 상황이 조금 슬펐습니다. 피아노 교육조차도 효율로 생각하시는 것 같아서입니다. 저는 이런 사람들의 생각을 바꾸고 싶었습니다.

앞서 말했듯이, 피아노 교육의 본질은 단순히 '피아노를 능숙하게 연주하는 기술을 가르치는 것'만이 아닙니다. 피아노는 아이들이 자신의 감정을 느끼고 표현할 수 있게 도와주는 놀라운 악기입니다. 요즘처럼 사춘기가 빠르게 찾아오는 아이들은 마치 폭풍과도 같이 그 시기를 지납니다. 피아노는 이런 아이들이 자신의 마음을 다잡고 정리할 수 있도록 돕는 최고의 도구 중 하나입니다.

피아노를 배운 아이들은 자신의 감정이 소용돌이칠 때도 스스로 잘 조율할 수 있습니다. 그 결과, 아이들은 가족은 물론 친구와의 관계에서도 감정에 휘둘리지 않고, 지혜롭게 처신하는 법을 스스로 깨칠 수 있습니다. 물론 우리나라에서 학교 성적이나 입시를 빼놓고 교육을 말하기는 매우 어렵습니다. 그러나 음악을 통해 정서적으로 안정된 아이들이 공부도 더 잘하게 된다는 것은 이미 잘 알려진 사실입니다. 이에 관한 과학적이고 교육적인 증거는 차고 넘칩니다.

2장. 피아노 교육의 본질

우리는 무엇을 가르치고 있는가
감성지능이란 무엇인가
피아노와 감성교육

우리는 무엇을 가르치고 있는가

　우리 학원에 다니는 이안이는 한 집안의 장남입니다. 두 명의 동생이 있어요. 이안이는 원래도 뭐든 시키면 잘하는 똘똘한 아이였다고 합니다. 하지만 어떤 부분에서는 소극적이고 개인적일 때도 있었다고 하더군요. 다가오는 친구들만 사귀는 그런 스타일의 아이였죠. 그런데 이 아이가 피아노를 배우면서 자신감을 갖게 됐다고 합니다. 피아노를 배우면서 자존감이 높아지니 먼저 친구에게 다가갈 수 있는 용기가 생긴 것이죠. 일종의 리더십이 생긴 것입니다. 저는 이게 다 피아노를 배우면서 시작된 변화라는 이안이 어머니의 말씀에 얼마나 흐뭇했는지 모릅니다. 하루는 이안이가 제게 레슨을 받아야 해서 이사를 절대 가면 안

된다고 부모님께 말했다고 하더군요. 그런 이야기를 듣고 이안이 어머니가 놀라 제게 이렇게 말씀하셨습니다. "우리 아이가 속정이 없는 편인데, 이런 표현을 하는 게 너무 신기했어요." 평소에도 표현을 스스럼없이 하지 않는 친구였기에 이 이야기를 전해 듣고 얼마나 고맙고 또 놀랐는지 모릅니다. 이안이는 피아노를 통해 자신감을 얻었을 뿐만 아니라 자존감까지 높아진 케이스입니다. 자존감이 높다는 건 아이가 자신에 대한 믿음이 있다는 뜻이에요. 자신의 실력을 믿기 때문에 스스로 당당해질 수 있는 것이죠.

우리 아이의 감성 지능

5년 이상 한결같이 아이를 보내 주시는 어머님이 계십니다. 말 그대로 믿고 맡기시는 분이죠. 그야말로 한결같은 신뢰를 주셔서 얼마나 감사한지 모릅니다. 그 아이의 이름은 승준이입니다. 남자아이로, 조용하고 과묵한 성향을 가진 아이였어요. 그런데 5학년 때 콩쿨에서 상을 받은 후, 학교에서 그 곡을 다시 연주한 적이 있었습니다. 승준이는 현재 다니는 학교로 전학 오기 전, 시골의 작은 규모의 학교를 다녔습니다. 그런데 시골에서 온 승준이가 많은 학생들 앞에서 피아노 연주를 아주 멋지게 해낸 겁니다. 승준이 스스로도 한없이 뿌듯해했음은 더 말할 것도 없고요. 평소에는 표현을 잘하지 않는 아이였는데, 그날만큼은 그 경험이 그렇게 자랑스러웠던 모양입니다. 그 연주를 들으신 학교 선생님들도 모두 놀라셨다고 해요. 이전에 배워왔던 소나티네 같은 곡이 아닌, 처음 들어보는 세련되고 화려한 곡을 초등학생 아이가 이렇게 연주할 수 있다는 걸 몰랐던 거죠. 이런 소식을 들을 때마다 저 역시 얼마나 기쁘고 뿌듯한지 모릅니다. 클래식한 곡뿐만 아니라 현대의 트렌드를 반영하거나 아이들의 성향에 맞춘 다양한 곡을 접할 수 있도록 커리큘럼을 구성하는 것이 제가 해야 할 중요한 역할이라는 걸 다시금 깨닫습니다.

얼마 전, '아이의 사생활'이라는 다큐멘터리를 본 적이 있습니다. 이 다큐멘터리는 아이들이 어떻게 하면 작은 성공을 통해 성취감을 얻고, 나아가 자존감을 높일 수 있는지에 대해 이야기하고 있었습니다. 또한 어릴 때부터 '나도 괜찮은 아이다'라는 생각을 길러주는 것이 얼마나 중요한지도 함께 강조하고 있었습니다. 아이든 어른이든 살아가다 보면 좌절과 절망, 슬픔 같은 힘든 일을 겪게 마련입니다. 하지만 이런 어려움을 쉽게 떨쳐내고 다시 일어나는 사람이 있는 반면, "나는 못났어," "나는 안 돼" 같은 생각에 빠져드는 사람들도 적지 않습니다. 이는 곧 우울감으로 이어지기도 하죠. 그런데 음악은 이러한 실패의 감정을 좀 더 쉽게 넘어설 수 있는 힘을 준다는 사실을 알려주고 있었습니다.

이안이는 7살 때부터 피아노를 배우기 시작해 현재 5학년이 되기까지 단 한 번의 슬럼프도 없이 피아노를 즐기고 있습니다. 학원에 들어올 때면 마치 친한 친구의 집에 가듯 편안하게 들어오는 모습을 보면 참 흐뭇합니다. 5년이 넘는 시간 동안 늘 한결같은 모습으로 함께 많은 추억을 만들어 온 너무나 소중한 학생이기도 합니다. 우리나라 부모님들은 현실적으로 아이들의 입시나 학과 성적을 신경 쓰지 않을 수 없는 상황에 놓여 있습니다. 그러다 보니 피아노 같은 예술 교육에 대해 여유를 가지기 어려운 경우도 많습니다. 하지만 저는 아이들을 평가하는 기준이 다양해야 한다고 생각합니다. 이안이에게 필요한 건 영어와 수학만큼이나 자신에 대한 믿음과 존중을 배우는 것이었습니다. 그리고 피아노는 그 믿음과 자존감을 길러주는 데 큰 역할을 했습니다.

감정에서 교육의 본질을 찾다

또한 아이들에게는 그곳이 집이 되었건 학원이 되었건 마음 둘 곳이 필요하다고 생각해요. 그런 안정감이 자신감의 원천이 되는 것이죠. 어른들도 그렇지만, 아이들에게 항상 좋은 일만 생기는 건 아니니까요. 물론 가장 큰 역할은 가정이 해야 합니다. 하지만 직장 생활을 할 때도 정작 가장 중요한 건 바로 이 정서적 안정감이라고 합니다. 그것은 내가 혹 실수하더라도 나의 동료들이 뒤를 봐줄 거라는 믿음 같은 것이죠. 그게 팀워크로 연결되고 성과로 이어진다고 합니다. 그렇다면 우리가 가르치는 피아노 교육도 그런 역할을 할 수 있지 않을까요? 그렇다면 이 정서적 안정감은 어떻게 기를 수 있을까요? 그것을 가능케 하는 것이 바로 음악 교육이 가진 힘, 감성 지능의 힘입니다.

예를 들어, 어떤 사람이 좋아하는 연주곡을 완주하고 나면 어떤 일이 벌어질까요? 밀려드는 성취감과 자신감으로 새롭게 살아갈 힘을 얻을 수 있을 겁니다. 심지어 연주하기 어려운 곡일수록 그 기쁨도 더 클 수밖에 없는 것이죠. 인간의 감정은 생각보다 단순합니다. 아주 작은 성공에도 우리의 뇌는 새로운 에너지를 얻습니다. 그리고 이것이 하루를 살아갈 수 있는 힘, 즉 일상의 의욕과 용기로 이어지죠. 이것이 제가 틈틈이 인간의 감정과 감성을 공부하는 이유입니다. 저는 피아노가 단순히 연주 실력을 기르는 교육이 아님을 이 책을 통해 말하고 싶었습니다. 문제는 이러한 감정에 관한 공부를 어떻게 피아노 교육과 연결할지를 고민하는 일이었죠.

모든 감정이 다 중요하다

'인사이드아웃'이라는 픽사의 애니메이션 영화가 있습니다. 이 영화를 보면 주인공의 감정 하나하나가 등장인물로 나오죠. 그런데 어떤 특정한 감정이 이 아이를 끌어가지 않는 것으로 묘사됩니다. 영화는 기쁨만큼이나 슬픔 같은 다른 감정도 똑같이 중요하게 다루고 있어요. 그런데 이 영화의 어디에선가, 주인공이 좋은 기억들만 남기고 다른 감정들을 멀리 보내버리는 장면을 본 적이 있습니다. 그리고 이것이 결코 옳은 방법이 아니라는 것을 영화는 말하고 있더군요. 모든 감정이 다 중요하다는 거죠. 저는 이 영화를 보면서 내가 하는 피아노 교육이 어쩌면 이런 한 아이의 감정의 컨트롤 센터 역할을 할 수 있다고 생각했습니다. 그렇다면 이런 감정은 감성 교육과 어떤 상관관계가 있을까요?

감정과 감성은 비슷해 보이지만 서로 다른 의미를 가지고 있습니다. 감정은 특정 상황이나 자극에 대해 인간이 느끼는 즉각적이고 주관적인 반응입니다. 예를 들어, 무서운 영화를 보면 두려움이 생길 수 있고, 좋아하는 음식을 먹을 때는 행복을 느낍니다. 한편, 감성은 감정의 연장선에서, 인간이 외부 자극(예술, 음악, 문학, 자연 등)을 통해 느끼는 미적이고 섬세한 '정서적 반응'

을 의미합니다. 감정보다 포괄적이고 지속적이죠. 특히 예술적 활동과 깊게 연결되어 있습니다.

비 오는 날 창문을 보며 느끼는 쓸쓸함과 평화로움이나 감동적인 음악을 들으며 떠오르는 추억 등이 그것이죠. 이런 면에서 피아노 교육의 본질은 누가 뭐래도 감성의 개발이라 할 수 있습니다. 저는 아이들이 피아노를 통해 다채로운 감정들을 발현할 수 있도록, 그 감정들이 조화를 이룰 수 있도록 선생님들이 도와야 한다고 생각합니다. 저는 음악을 통해 충분히 그런 역할을 할 수 있다고 믿습니다. 아이들은 피아노 연주를 통해 전에 없던 성취감을 느낄 수 있습니다. 감동을 느낄 수 있습니다. 그 결과, 아이들은 이 과정을 통해 자신이 무언가를 할 수 있는 가능성의 존재임을, 나도 괜찮은 사람이라는 자신감을 얻을 수 있게 됩니다. 피아노 연주는 실패와 좌절을 이겨낼 수 있는 좋은 기분과 행복감을 기를 수 있게 도와줍니다. 바로 이것이 음악이 할 수 있는 감성 교육의 진짜 모습입니다.

감정 노트를 만든 이유

이런 이유로 사춘기의 감정을 다루는 데 있어서도 음악은 많은 역할을 할 수 있습니다. 비슷한 연주곡이라도 한없이 즐거운 곡이 있는가 하면, 반대로 슬픈 곡도 있습니다. 웅장한 곡이 있는 한편, 소소하고 작은 작품들도 존재하죠. 하지만 이런 곡들 하나하나가 아이들 안에 있는 다양한 감정을 끌어낼 수 있습니다. 한 사람이 언제나 쉽고 경쾌한 곡만 연주할 수는 없습니다. 살아가면서 기쁜 일도 만나지만, 슬픈 일도 만나게 마련이니까요. 다행히도 세상에는 정말 다양한 피아노 연주곡들이 존재합니다. 아이들은 그 곡들을 연주하면서 느끼는 다양한 감정을 통해 감성의 근육을 발달시킬 수 있는 것이죠.

그래서 저는 아이들을 위해 감정 노트라는 새로운 교구를 만들었습니다. 저 역시 오랜 공부를 통해 알게 되었습니다. 자신의 감정을 솔직하게 꾸준히 기록하면 자신에 대해 더 자세히 알게 된다는 사실을 말이죠. 아이들은 자신이 쓴 노트를 보고 비로소 깨닫게 됩니다. 아, 나는 이럴 때 가장 기쁘구나, 이럴 때 가장 슬프구나, 이럴 때 기분이 안 좋아지는 사람이구나, 이렇게 자신의 감정을 명확히 알게 되는 것이죠. 저는 이런 감정의 데이터가 MBTI나 애니어그램 같은 심리 검사보다 더 정확하다고 생각합니다.

아이들은 감정 노트를 통해 스스로에 대해 더 많이 알아가게 됩니다. 왜냐하면 사람은 했던 실수를 반복하기 쉬운 연약한 존재이기 때문입니다. 반대로 기쁘고 즐거운 일을 통해 좋은 감정을 느끼는 방법도 비슷한 경우가 많습니다. 어떤 사람은 운동을 통해, 어떤 사람은 독서를 통해 행복감을 느낍니다. 또 어떤 사람은 여러 사람과 수다를 나누며 가장 큰 만족감을 얻죠. 사람마다 다르기 때문입니다.

저는 이런 과정을 통해 자신의 감정을 세세히 살피는 일이 매우 중요하다고 생각합니다. 지금 내 감정이 어떤지를 아는 것, 그리고 그 감정을 남에게 정확하고 오해 없이 전달하는 방법을 배우는 것은 꼭 필요한 과정입니다. 그러나 과거의 피아노 학원에서는 이러한 교육에 무심한 경우가 많았습니다. 체르니 몇 번까지 했어?, 바이엘은 끝냈니? 같은 진도 위주의 질문이 먼저 떠올랐던 것이 사실입니다.

하지만 우리 학원에서는 다르게 접근합니다. 지금 어떤 스타일의 곡을 배우고 있어?, 그 곡을 연주할 때 어떤 마음을 표현하고 싶어?라고 질문합니다. 아이들에게 단순히 연습의 양이나 진도를 평가하는 것이 아니라, 음악을 통해 자신을 표현하는 방법을 배우게 하는 것이 목표입니다. 우리가 아이들에게 축구나 태권도를 가르치는 이유가 꼭 프로 선수가 되게 하기 위해서만은 아닙니다. 마찬가지로 피아노 교육도 단순히 연주 기술을 익히기 위한 것이 아닙니다. 아이들은 피아노를 통해 자신의 감정을 제대로 표출할 수 있게 됩니다. 그리고 그 과정을 통해 정서적 안정감을 얻게 되죠.

나의 감정을 적절한 타이밍에, 다른 사람들의 감정이나 분위기를 해치지 않으면서, 정확하게 전달하는 일은 매우 어려운 일입니다. 심지어 어른들도 힘들어하는 일이죠. 하지만 피아노는 이러한 감정 표현을 배울 수 있는 가장 훌륭한 도구 중 하나라고 생각합니다. 피아노를 연주하며 아이들은 자신을 이해하고, 자신의 감정을 조화롭게 다룰 수 있는 능력을 키워갑니다. 이 모든 것이 음악이 아이들에게 줄 수 있는 진정한 가치이자 감성 교육의 핵심입니다.

감성지능이란 무엇인가

앞선 글에서 감정과 감성의 차이를 이야기한 바 있습니다. 즉, 감정은 본능적이고 즉각적인 반응이라면, 감성은 이를 내면화하고 해석하며 더 복합적인 방식으로 세상과 관계를 맺는 방식이라 할 수 있습니다. 그렇다면 감성지능이란 도대체 무엇일까요? 어떻게 감성이 지능으로 연결된다는 말일까요?

감성지능은 다음과 같은 7가지 요소로 설명할 수 있습니다. 감성지능이 뛰어난 사람은 무엇을 하든 실패보다 성공할 가능성이 크다고 느낍니다(확신). 또한, 어떤 대상과 주제를 탐구하는 일에서 더 많은 즐거움을 느낍니다(호기심). 더불어 무언가에 영향을 끼치고 끈기 있게 추구하려는 의지를 가지고 행동합니다

(의도성). 이뿐만 아니라, 나이에 걸맞게 자신의 행동을 조절하고 통제할 수 있는 능력이 뛰어납니다(자기통제). 그리고 타인과의 관계 맺기에도 능하며(관계), 뛰어난 의사소통 능력을 가지고 있습니다(의사소통). 또한, 타인과의 협업에도 탁월합니다(협업). 이러한 요소들은 감성지능이 단순히 감정의 발현에 그치지 않고, 이를 바탕으로 개인의 삶과 대인 관계에 긍정적인 영향을 미칠 수 있음을 보여줍니다.

감성지능이 중요한 이유

그렇다면 이런 감성지능은 왜 그토록 중요한 것일까요? 그것은 감성지능이 우리가 지닌 본래의 능력을 더 잘 발휘할 수 있도록 돕기 때문입니다. 감성이 뛰어난 사람은 인생에서 더 높은 성취를 이루며, 다른 능력을 발휘하도록 돕는 역할도 합니다. 이러한 사람들은 리더십 또한 뛰어납니다. 자기 통제력과 열성, 끈기, 스스로 동기를 부여하는 능력 모두 감성지능의 중요한 영역에 속하기 때문입니다.

사실 IQ는 인생의 성공을 결정짓는 요인 중 잘해야 20%를 차지한다고 합니다. 이는 우리의 상식과는 크게 벗어난 결과입니다. 그런데 나머지 80%는 놀랍게도 앞서 이야기한 감성지능이 결정한다고 전문가들은 말합니다. 동기를 부여하고, 좌절 속에서도 밀고 나가며, 충동을 억제하고, 만족을 뒤로 미루며, 자기 기분을 통제할 줄 아는 능력이 바로 감성지능입니다. 걱정거리 때문에 사고력이 낮아지지 않게 하고, 감정이입을 하며, 희망을 품을 줄 아는 능력까지 포함되죠. 즉, 감성지능이 한 인생의 성패를 결정한다고 해도 과언이 아닙니다. 심지어 지적 잠재력이 뛰어나더라도 범죄를 일으킬 위험성이 높은 사람은 감성지능의 통제 기능이 손상되었을 가능성이 높다고 전문가들이 지적합니다.

이것은 아이들에게도 마찬가지로 적용됩니다. 만약 부모가 아이의 내면에 있는 기쁨과 슬픔 같은 다양한 감정을 제대로 헤아려주지 못한다면 어떤 일이 일어날까요? 아이는 자신의 감정을 자연스럽게 표현하는 것을 자기도 모르게 피하게 됩니다. 결국 친밀한 관계를 맺는 데 필요한 감성이 아예 사라질 수도 있습니다. 친구나 교사와의 상호 작용에서 친근감과 행복감, 관심을 느끼고 이를 표현하는 데 어려움을 겪게 될 가능성이 커지죠.

인간은 안타깝게도 완전히 성숙한 두뇌를 갖고 태어나지 않습니다. 대신, 탄생 후 계속해서 스스로 모양을 갖추어 갑니다. 두뇌는 어린 시절에 가장 활발하게 성장하며, 이 시기의 경험이 두뇌 성장에 큰 영향을 미칩니다. 어린 시절은 평생에 걸친 감성적 경향성을 형성하는 결정적인 시기입니다. 이 시기의 경험은 자신의 괴로움을 처리하고, 충동을 통제하며, 감정이입을 통해 행동하는 법을 배우는 기회를 제공합니다.

학습 역시 아이들의 감정과 분리된 상태에서 이루어지지 않습니다. 감성적으로 깨어 있는 것은 영어, 수학, 읽기 같은 과목만큼이나 중요합니다. 아이의 자기 가치 의식은 특히 성취 능력에서 오는 경험에 크게 좌우됩니다. 바로 이 점에서, 모든 아이들에게 감성지능을 가르치는 것이 필수적인 이유가 있습니다. 감성지능은 아이들이 자기 자신을 이해하고, 세상과 더 나은 관계를 맺으며, 평생을 살아가는 데 있어 중요한 삶의 능력을 제공합니다.

유년기 감성교육의 중요성

다시 말하지만, 한 사람의 삶 전체를 지배할 만큼 중요한 이 감성지능은 대부분 유소년기에 확립됩니다. 좌절을 극복하고, 감정을 억제할 줄 알며, 다른 사람과 잘 어울리는 능력은 어린 시절부터 형성되고, 성인이 되었을 때 큰 차이로 드러납니다. 초등학교 저학년 아이들은 이미 자신의 감정을 파악하고 그것을 어떻게 다룰지를 배우기 시작합니다. 심지어 고학년이 되면 감정이입을 통해 다른 사람의 마음에 공감할 줄 알게 되죠. 그러므로 어린 시절은 감성교육에 매우 유리한 시기입니다. 그리고 이를 가장 효과적으로 실현할 수 있는 방법이 바로 예술을 공부하고 경험하는 것입니다. 예술은 그 행위 자체로 치유의 기능을 가지며, 상처를 치유하고 마음의 안정을 찾도록 돕습니다. 따라서 어린 시절에 감성교육을 받은 아이들은 자신의 삶을 더 나은 방향으로 변화시킬 가능성이 높습니다.

여전히 많은 사람들이 높은 IQ가 부와 명예, 그리고 삶의 행복까지 보장한다고 믿습니다. 이 때문에 학교에서는 여전히 학업 성적에만 집중하는 경향이 있습니다. 하지만 같은 지적 능력을 가졌더라도, 인생에서 실패하는 사람이 있는 반면, 자신의 감정을 잘 이해하고 타인의 감정을 정확히 읽을 줄 아는 사람도 있습니다. 이런 사람들은 친밀한 관계를 맺는 데 능숙하며, 연애나 조직 내 관계에서도 탁월한 능력을 발휘합니다. 이들은 성공을 가져오는 삶의 규칙을 빠르게 습득하며, 다양한 삶의 영역에서 유리한 위치를 차지할 수 있습니다.

따라서 중요한 것은 아이들의 순위를 매기거나 경쟁에 집중하기보다는, 각 아이의 천부적인 능력과 지능을 찾아내고 개발하는 데 더 많은 시간을 들이는 것입니다. 한 사람이 성공하는 데에는 수백 가지 방법이 존재합니다. 하버드 교육대학원의 하워드 가드너 박사는 풍부한 문화적 환경에서 자랐고, 부모가 예술과 교육에 적극적으로 참여했다고 합니다. 가드너 박사의 음악, 문학 및 시각 예술에 대한 초기 노출은 그의 미래 관심사를 형성하는 데 중요한 역할을 했습니다. 그는 삶의 성공을 결정짓는 지능 중 내적 만족감과 정신내적 지능의 중요성을 강조합니다. 즉, 자신의 감정을 제대로 이해할 수 있는 사람이 더 큰 성공과 행복을 이룰 가능성이 높다는 것입니다. 또한, 자신의 삶에 만족할 줄 알고 직업에서도 성공할 가능성이 크다는 점을 강조합니다. 따라서 감성을 교육한다는 것은 한 아이가 자신의 삶에 만족할 줄 아는 능력을 키우고, 나아가 경쟁력 있는 삶을 살도록 돕는다는 의미입니다. 이는 단순한 교육을 넘어, 아이들의 삶 전체에 긍정적인 영향을 미칠 수 있는 중요한 과정입니다.

감성지능을 기르는 법

그렇다면 이런 감성지능은 어떻게 기를 수 있을까요? 예를 들어, 음악적 지능이 타고난 아이는 그 재능을 펼칠 수 있는 분야에서 훨씬 쉽게 몰입할 수 있습니다. 이러한 몰입은 새로운 영역에 도전할 용기를 길러줍니다. 또한 아이가 좋아하는 것이 춤이든 음악이든, 이를 통해 몰입의 즐거움을 느끼는 원천을 깨닫게 됩니다. 이러한 열정은 강력한 성취의 씨앗이 될 수 있습니다. 그렇게 자신의 능력의 한계를 넘기 위해 노력하며 더 나아지고, 그로 인해 아이는 행복을 느끼게 됩니다.

일상에서 우리가 하는 일의 대부분은 기분이 좋아지기 위해 하는 것들입니다. 책을 읽거나 TV를 보거나 친구를 만나고 운동을 하는 것도 모두 좋은 기분과 관련이 있습니다. 이것 또한 감성지능의 영역입니다. 결국, 이렇게 자신을 달랠 수 있는 능력이 더 행복하게 사는 삶의 기술이 됩니다. 만일 어떤 아이가 감성이 뛰어나다면, 이는 힘든 일을 만났을 때도 더 잘 견디고 이겨낼 수 있다는 것을 의미합니다. 반대로, 쉽게 화를 내고 불안해하며 우울한 아이들은 공부에도 어려움을 겪습니다. 이런 마음 상태에서는 학습으로 인한 정보를 제대로 받아들이기 어렵기 때문입니다.

대인관계 능력은 더욱 감성지능에 토대를 두고 있습니다. 예를 들어, 사회적으로 탁월한 인상을 남기는 사람들은 자신들의 감정 표현에 능숙합니다. 또한, 타인의 반응 방식에 예리하게 조율되어 있어 지속적으로 자신의 사회활동을 잘 조절할 수 있습니다. 목표로 정한 성과를 확실히 거둘 수도 있습니다. 반대로, 자신의 감정을 해독할 수 없거나 표현할 수 없는 아이는 자주 좌절감을 느끼게 됩니다. 사실, 리더십은 지배가 아니라 사람들이 공통의 목표를 향해 일하도록 설득하는 감성의 기술이기도 합니다.

피아노와 감성교육

요즘 아이들 중에는 경계성 장애라든가 감정 조절이 되지 않아 힘들어하는 친구들이 적지 않습니다. 우리 학원에서도 갑자기 불같이 화를 내거나 어른들이 쓸 법한 욕을 내뱉는 아이들을 종종 만나곤 합니다. 그런데 왜 요즘 들어 그런 문제들이 많이 발생하는 걸까요? 여러 가지 이유가 있겠지만, 저는 그중 하나로 코로나의 영향이 적지 않았다고 생각합니다. 한창 밖에서 마음껏 뛰어놀며 다양한 또래 아이들을 만나 사회성을 길러야 할 시기를 놓친 탓도 있지 않을까요? 또한, 스스로에 대해 깊이 사고하기보다는 스마트폰과 함께하는 시간이 많아진 것도 그 원인 중 하나라고 생각합니다. 옳고 그름의 기준이 아직 확립되지 않은 어린 아이들에게 선정적이고 폭력적인 내용이 무방비 상태로 노출되기 때문은 아닐까 하는 생각이 듭니다.

부모에게 어휘력이 필요한 이유

또 한 가지, 아이들의 양육 환경과도 관련이 있다고 생각합니다. 예전에는 대부분 대가족이었기 때문에 서로 커뮤니케이션 할 대상들이 많았습니다. 할머니, 할아버지, 삼촌, 이모, 고모, 사돈에 팔촌까지 모든 친척들이 다 모여서 살았었죠. 물론 이런 환경에서 생기는 문제도 있었겠지만, 사람들과의 관계를 자연스럽게 배우는 유익함도 있었습니다. 그런데 요즘은 어떨까요? 아이들이 만나는 세상의 대부분은 엄마와 어린이집 선생님, 그리고 유치원에서 만난 친구들이 전부라고 할 수 있습니다. 무한한 애정을 주는 할아버지나 할머니도 계시지 않고, 언제든 함께 어울려 놀 수 있는 가족들도 드물어졌습니다.

하지만 저는 음악을 통해 일정 부분 그 빈자리를 채울 수 있다고 생각합니다. 함께 음악을 배우고 연주하면서 억눌린 감정이나 스트레스를 해소할 수 있기 때문입니다. 피아노 교육이 꼭 필요한 이유는 자신의 감정을 정확하게 이해하는 과정을 통해 결국 자신이 어떤 사람인지를 알게 되기 때문입니다. 내가 어떤 감정에 취약한지, 어떤 감정을 가장 편하게 받아들일 수 있는지,

그리고 어떻게 그 감정을 다룰 수 있을 때 행복해질 수 있는지를 배울 수 있는 것이죠. 그래서 우리 학원에서는 아이들이 스스로의 감정을 조절하고 건강하게 표출할 수 있는 방법을 피아노와 함께 가르치고 있습니다. 이것이 바로 제가 생각하는 음악 교육의 유익이자, 피아노 학원이 존재하는 가장 큰 이유 중 하나라고 생각합니다.

최근에 '부모의 어휘력'이라는 책을 읽었습니다. 이 책을 통해 아이들에게 왜 어휘력 공부가 필요한지에 대해 알게 되었습니다. 어휘력은 자기 감정을 정확하게 표현하기 위한 방법 중 하나이기 때문입니다. 또한, 상대방의 감정을 잘 이해하기 위한 목적도 있습니다. 예를 들어, 이 책에서는 '외로움'에 대해 다음과 같이 쓰고 있습니다.

'외로움이란 혼자 있지 못하는 걸 말한단다. 그래서 세상에서 가장 외로운 사람은 혼자 있지 못하고 주변 상황에 쉽게 휩쓸리는 사람이지. 이런 사람들은 수많은 사람들과 함께 있어도 오히려 더 외로워져. 친구들의 숫자나 생일 초대받지 못했다는 사실보다 훨씬 중요한 게 뭔지 알아? 이런 것들에 연연하지 않고, 매일 너의 일을 하면서 하루를 보내는 거야. 그럼 그 안에서 너만의 빛이 나는데 그때 그 빛을 알아보고 마음에 맞는 친구가 다가올 거야. 친구의 숫자는 중요하지 않아. 그리고 모든 사람과 친하게 지낼 수도 없어. 너는 다만 너의 하루를 보내면 되는거란다.' (『부모의 어휘력』, 김종원)

정말 맞는 말이라고 생각합니다. 친구들에게 초대를 많이 받는다고 해서 외롭지 않은 것은 아니기 때문이죠. 무리 속에서도, 군중 속에서도 외로운 사람들이 얼마나 많은지 우리는 알고 있잖아요. 하지만 혼자 있어도 자신만의 세계를 만들어 가는 사람들이 있다는 사실도 함께 알려주어야 합니다. 자기계발서로 유명한 고 구본형 작가도 이런 말을 한 적이 있습니다. 그는 자신이 친구들과 밤늦게 어울려 다니며 술 마시고 노는 스타일은 아니라고 말했죠. 그저 시간이 나면 책을 읽고 생각하기를 좋아하는 사람이라고 고백한 적이 있습니다.

행복을 공부하는 방법

하지만 이분은 스스로를 나무와 같은 사람으로 설명하고 있습니다. 예를 들어, 나무는 움직이지 못합니다. 누군가를 만나고 싶어도 스스로 다가갈 수 없지요. 그런데 햇빛이 쨍쨍한 날에는 그늘을 만들고, 가을이 되면 열매를 맺습니다. 그러면 사람들이 쉴 곳이 필요해서, 먹을 것이 필요해서 다가온다는 것이죠.

여기서 나무란 소극적이고 내향적인 성향의 사람들을 말합니다. 그러니 내성적인 아이에게는 이렇게 말해줄 수 있는 것이죠. "너는 친구들에게 일부러 찾아가서 다가가는 사람은 아닐 수 있어. 하지만 엄청 큰 나무가 되어서 그늘을 만들고 열매를 맺는 사람이야. 그러면 친구들이 알아서 찾아올 거야. 그러니 더 큰 나무가 되기 위해 묵묵히 애쓰면 되는 거야. 꼭 친구가 많을 필요도 없어. 너를 필요로 하는 사람들만으로도 친구는 충분하단다."

이런 친구는 비 오는 날 창문을 보며 느끼는 쓸쓸함과 평화로움을 피아노를 통해 표현할 수 있습니다. 감동적인 음악을 들으며 좋은 추억을 떠올릴 수도 있게 되죠. 조금은 수동적일 수 있는 감정이 적극적인 감성으로 이어질 수 있도록 돕는 것입니다. 이렇듯 아이에게 외로움이라는 단어의 정확한 의미와 이를 자신의 감성으로 연결하는 법을 알려주는 것은 매우 중요합니다. 그런데 음악도 이런 역할을 할 수 있지 않을까요?

우선, 생일에 초대받지 못해 외로움을 느끼는 친구가 있다면 그 단어의 의미를 정확히 알려주는 것입니다. 그리고 그런 자신의 감정을 피아노를 통해 표출할 수 있도록 도와주는 것이죠. 자기 감정을 정확하고 건강하게 이해하고 표현하는 방법을 가르쳐주는 겁니다. 이를 통해 타인의 외로움에 공감하고, 이를 음악, 그림, 글로 표현할 수 있는 감성의 근육을 기를 수 있게 됩니다.

그런데 이게 꼭 어휘력이 좋아서 가능한 일은 아닐 겁니다. 오히려 음악은 글이나 그림보다 훨씬 더 강력하게 자신의 감정을 이해하고 표현할 수 있게 도와줍니다. 또한, 이 책에서는 일상에서 쓰는 어휘들, 예를 들어 '수고하다'라는 말을 제시하고 설명하고 있습니다. 그런데 이런 방식을 음악에도 적용할 수 있지 않을까요? 우리가 다양한 음악을 통해 스스로 위로받을 수 있는 이유는 그 음악이 나의 감정을 정확히 대변해 주기 때문이라고 생각합니다. 심지어 이런 음악을 통해 내 감정을 남에게 전달할 수도 있습니다.

음악은 단순히 듣는 것만으로도 행복해질 수 있습니다. 하지만 그 음악을 직접 연주할 수 있다면, 그 사람은, 그 아이는 얼마나 행복할 수 있을까요. 자신의 감정을 이해하고 조율할 수 있는 진정으로 강력한 정서적 능력을 가진 아이가 될 테니까요.

피아노 레슨의 세가지 원칙

이렇듯 음악을 가르친다는 것은 일반 교과 과목을 가르치는 것과는 다른 접근이 필요하다고 생각합니다. 그래서 피아노 레슨을 할 때 저는 다음 세 가지를 중요하게 여깁니다.

그중 첫 번째는 적극성입니다. 저는 옆에서 가만히 지켜만 보는 것보다는 적극적으로 같이 음악을 만드는 선생님이 되고 싶습니다. 아이들과 함께 노래도 부르고, 음악을 함께 만들어 가는 선생님이 되고 싶습니다. 그렇게 하면 아이들이 단순히 연습만 할 때보다 덜 지루하고, 훨씬 재미있으며 집중력도 높아지기 때문입니다.

또한 스킨십도 중요합니다. 단순히 말로만 설명하는 것이 아니라, 아이들이 감정과 소리를 온몸으로 이해할 수 있도록 손이나 몸을 잡아 주어야 합니다. 팔이나 어깨에 원하는 터치감을 보여 주며 생동감 있는 레슨을 해야 합니다. 이렇게 전력을 다해 레슨을 하고 나면 2~3명만 레슨을 해도 진이 빠질 때가 있습니다. 하지만 아이들의 레슨 만족도와 실력 향상에서의 변화는 정말 눈에 띌 정도로 달라집니다. 저는 이런 적극성이 선생님의 피아노 실력만큼이나 중요하다고 생각합니다.

두 번째는 에너지입니다. 물론 저도 평소에는 그렇게 텐션이 높은 편은 아닙니다. 하지만 아이들을 가르칠 때는 완전히 달라지곤 합니다. 개그맨들도 집에서는 조용하지만, 무대에 올라가면 달라지는 모습을 보곤 하잖아요. 그래야만 자신의 에너지를 마음껏 발산할 수 있으니까요. 마지막으로 세 번째는 눈높이에 맞는 설명입니다. 우리가 지도하는 대상은 어린아이들입니다.

제가 알고 있는 것과 아이들의 눈높이에 맞게 설명하는 능력은 별개의 문제입니다. 티칭을 잘하는 사람들은 이 능력이 탁월합니다. 아무리 많은 지식을 알고 있어도 학생들에게 이해시키는 것은 전혀 다른 차원의 문제이기 때문입니다. 내가 이해한 것을 그대로 설명하는 것과, 아이들의 시선에서 다시 한번 생각하며 설명하는 것은 정말 다릅니다. 저는 이 부분을 잘 가르칠 방법과 곡을 연구하는 것만큼이나 고민하고 또 고민합니다.

사실 피아노 교육에는 정해진 기간이 없습니다. 단순히 악보를 읽는 것을 넘어 음악 그 자체를 배우기 때문입니다. 음악을 싫어하는 사람은 거의 없을 것입니다. 많은 사람들이 음악을 통해 행복함을 느끼고 치유받습니다. 그럼에도 성급하게 피아노 교육을 멈추는 것은 얼마나 안타까운 일인가요. 따라서 우리 학원은 EQ 커리큘럼을 바탕으로, 피아노와 연계하여 음악을 심도 있게 교육하고 있습니다. 우리 학생들이 앞으로 어떤 전공을 하더라도 남다른 저력과 매력을 펼쳐 나가기를 소망합니다.

내 일의 가치를 고민하다

우리 업의 가치를 제대로 알리는 것이 마케팅이고 브랜딩이라고 생각합니다. 저는 피아노 학원이 오랜 전통과 높은 가치를 가지고 있음에도 불구하고 눈에 띄는 큰 발전이 없는 이유가 브랜딩과 마케팅의 필요성을 제대로 인식하지 못하고 있기 때문이라고 봅니다. 피아노 선생님들은 대체로 내향적인 분들이 많고, 자신을 드러내는 것을 꺼려하시는 경우가 많습니다. 많은 선생님들이 어릴 적부터 프라이빗한 1:1 레슨을 받으며 자랐습니다. 혼자만의 공간에서 연습하고, 클래식 피아노 무대에서도 조용하고 엄숙함을 유지하는 것이 당연한 문화 속에서 살아온 것이죠. 하지만 피아노 학원은 그렇게 운영해서는 안 됩니다. 열심히 학원을 홍보하고 알려야 합니다. 어떤 선생님들은 인스타그램이나 블로그에 자신의 얼굴이 나오는 것조차 불편해하십니다. 이러한 문화가 깨져야 하지만, 피아노 학원 선생님들이 유독 이를 힘들어하시는 것 같습니다.

그러나 지금은 세상이 달라졌습니다. 예전에는 피아노 학원의 수가 많지 않아 '잘' 가르치기만 해도 학원 운영에 큰 어려움이 없었습니다. 하지만 지금은 아이들의 수는 줄어드는 반면 학원의 수는 늘어났습니다. 게다가 아이들의 시간을 대신할 다양한 활동들이 셀 수 없이 많아졌습니다. 중요한 것은 이전과 달리 우리 학원만의 차별화 요소가 필요해졌다는 것입니다. 왜 다른 학원이나 유튜브, 돌봄 서비스 같은 대안을 마다하고 우리 학원에 아이들을 보내야 하는지에 대한 이유를 명확히 전달할 수 있어야 합니다. 이것이 바로 브랜딩입니다.

예를 들어, 어느 태권도 학원은 아이들 관리를 위해 최선을 다한다고 합니다. 하교 후 오랜 시간 동안 아이들을 돌봐주는 서비스를 제공한다고 하더군요. 또 다른 영어 학원은 수년 이상 아이들을 보내는 학부모들을 위해 꽃꽂이나 취미 관련 특강을 열고 있었습니다. 이른바 장기 고객들을 위한 부가 서비스를 제공하는 셈입니다. 사람들에게 예상치 못한 만족스러운 경험을 제공하고, 이를 통해 신뢰에 기반한 좋은 관계를 만들어 가는 것이 바로 브랜딩입니다.

이것은 일반 회사도 마찬가지입니다. 디자인도 음악처럼 하나의 예술 활동입니다. 하지만 이 분야에도 순수 예술과 상업 예술이 존재하지 않나요? 스마트폰을 예쁘고 멋지게 디자인하는 것도 중요하지만, 잘 팔리는 것이 그 이상으로 중요하다고 생각합니다. 하지만 이 과정에서 딜레마가 생기기도 합니다. 디자이너는 예술적으로 아름다운 디자인을 만들고 싶어하지만, 영업팀은 잘 팔리는 디자인을 원하게 마련이죠. 이런 갈등 때문에 얼마나 자주 충돌이 생기겠습니까.

그렇다면 피아노 학원은 어떠해야 할까요? 좋은 피아노 학원이란 무엇일까요? 가장 중요한 것은 기술에만 치우치지 않고, 피아노 교육의 본질을 깨닫는 것이라고 생각합니다. 많은 선생님들이 '실력'을 내세워 학원을 어필하고 있지만, 그보다 더 깊은 고민이 필요합니다.

"나는 왜 아이들이 피아노를 잘 치게 만들기를 원하는가?"

"피아노를 왜 배워야 하는가?"

이처럼 단순히 '잘 가르친다'는 것을 넘어서, 음악 교육의 본질에 집중할 수 있어야 합니다.

3장. 피아노를 가르치는 일

가르친다는 것의 희열
피아노를 가르치면 달라지는 것들
피아노 학원과 선생님

가르친다는 것의 희열

　매주 새벽 레슨이 있는 날이면 저는 항상 6시쯤 기상했습니다. 그리고 피곤한 몸과 정신을 간신히 부여잡은 채 서울로 가서 레슨을 받곤 했죠. 그러던 어느 날, 문득 서울로 가는 버스 안에서 이런 생각이 들었습니다. '나는 도대체 왜 이렇게 배움에 진심인 걸까? 이 정도로 안 해도, 적당히 해도 될 텐데…. 이미 안정적으로 운영될 수 있게 기틀을 다져놨고, 문제없이 잘 가르치고 있잖아. 그런데 왜 나는 매달 아낌없이 돈을 투자하며 공부를 하고 있는 것일까. 피곤해 죽겠는데도 왜 배움을 놓지 못하고 있을까?' 사실 저는 항상 티칭에 자신이 있었습니다. 이미 대학 시절에만 10곳이 넘는 학원에서 경험을 쌓았습니다. 학사를 졸업하고 나서 아이들을 가르칠 때는 '많은 학원에서 레슨을 무리 없이 해왔다', '아이들이 나의 레슨을 잘 이해하고 즐거워했다'라는 자신감으로 충만했습니다. 그 당시에는 제가 다 안다고 생각했습니다. 여러 가지 유명하다는 세미나를 찾아들을 때도 몇 가지 꿀팁 정도를 제외하면 '이거 이미 다 알고 있는 내용인데, 이제 더 새로 배워야 할 건 없구나'라고 단단히 착각했던 것이 사실입니다.

내가 원하는 교수법을 찾아서

저는 혼자 깊이 파고들며 공부하는 시간이 많았습니다. 논문을 읽고, 피아니스트들의 연주를 듣고, 피아노를 직접 연주해보며, 아이들을 지도하면서 무엇이 문제인지(What), 그럼 어떻게 고쳐줘야 하는지(How)를 끊임없이 파악하며 티칭법을 연구했습니다. 물론 지금도 이 과정을 계속 반복하고 있습니다. 그러면서도 어느 정도 다 알겠다는 생각은 들었지만, 여전히 채워지지 않는 답답함과 어딘가 부족한데 답을 찾지 못하는 가려움증을 해소해줄 수 있는 '선생님'을 항상 찾아다녔습니다.

대학원 시절부터 1:1 레슨과 마스터 클래스, 세미나, 음악 연구회 등을 발품을 팔아 알아보고 참여했습니다. 직접 경험하며 촘촘히 인사이트를 쌓아갔고, 교수님들의 교수법을 배우고 경험했습니다. 또한, 다양한 환경에서 여러 가지 관점과 생각을 들어보려고 노력했습니다. 그래야만 나만의 고정관념과 편협하고 단편적인 시각에서 벗어날 수 있다고 생각했기 때문입니다. 그렇게 해야만 진짜 내가 원하는 티칭법을 찾을 수 있을 것이라고 믿었습니다. 학원을 운영하면서도 1:1 레슨을 쉰 적이 없었습니다. 클래식 피아노뿐만 아니라, 성인 레슨을 위해 3년째 별도로 코드 반주 및 재즈 레슨을 받고 있습니다.

아는 만큼 보이는 것들

그동안의 공부를 통해 쌓인 연구 데이터와 현재 받고 있는 레슨이 합쳐지면서, 요즘은 정말 시너지가 나타나고 있음을 새삼 깨닫고 있습니다. 무엇보다 눈에 띄게 문제 해결력이 좋아졌습니다. 아이들을 보면 무엇이 문제이고, 어떻게 해결해야 하는지가 머릿속에 떠오릅니다. 그리고 이를 실제로 시도하면 많은 경우 문제를 해결할 수 있음을 경험하고 있습니다.

모든 분야가 그렇지만, 특히 티칭은 배울 때마다 새로운 것을 깨닫게 됩니다. 내가 이미 다 알고 있다고 생각했던 지식이 얼마나 얕고 가벼웠는지를 깨닫는 순간들이 많습니다. "아는 만큼 보인다"는 말처럼, 그날 레슨에서 배운 내용을 바탕으로 아이들을 가르칠 때, 또 다른 새로운 시각과 접근법이 보입니다. 그래서 배움을 멈출 수 없습니다. 티칭 실력이 늘고 있다는 희열을 느낄 때마다 더 열심히 공부하고 싶어집니다. 무엇보다도 내가 성장하는 만큼, 그 영향이 고스란히 아이들에게 전해지고, 아이들의 피아노 실력이 눈에 띄게 향상되는 것을 보게 됩니다. 그래서 열심히 할 수밖에 없습니다.

물론 체력적으로 지칠 때도 많고, 늘 긴장감과 싸워야 하는 쉽지 않은 길이지만, 저는 매번 도전하고 이겨내며 이 길을 걸어가고 있습니다. 지금껏 어려움을 이겨내고 성장하는 삶을 선택했고, 그때마다 더 큰 행복감을 느껴왔습니다. 힘들지만, 저는 보람을 느끼며 살아가려고 합니다. 지금의 치열한 하루가 우리 학원의 미래를 만들어간다는 사실을 알기 때문입니다. 그렇다면 과거의 피아노 교육은 어땠을까요? 문득 그 시절의 피아노 선생님들은 어떻게 아이들을 가르치셨을지 궁금해졌습니다. 과거의 교육 방식과 지금의 차이를 생각하면, 우리가 어떻게 더 나아질 수 있을지에 대한 힌트를 얻을 수 있을지도 모른다는 생각이 듭니다.

아주 오래된 피아노 교육법

어린 시절 피아노 학원에서 바이엘과 체르니로 배우셨던 학부모님들은 과연 그 경험을 즐거웠다고 느꼈을까요? 가끔 학부모 상담 중에 바이엘과 체르니로 수업을 하지 않는다고 말씀드리면 의아해하시는 분들이 계십니다. 심지어 발걸음을 돌리는 학부모님을 볼 때면 안타까운 마음이 들곤 합니다. 바이엘은 독일 출신 작곡가, 체르니는 오스트리아 출신 작곡가로, 두 사람 모두 1800년대 고전시대 음악가로 알려져 있습니다. 그러나 당시 사용되던 피아노는 지금의 피아노와는 구조적으로 전혀 다른 악기였습니다.

고전시대 이전의 바로크 시대에는 하프시코드와 클라비코드 같은 악기가 사용되었으며, 이는 현을 뜯어 소리를 내는 구조로 강약을 조절할 수 없었고, 페달도 존재하지 않았습니다. 체르니가 활동했던 18세기 중반부터 19세기 초까지는 크리스토포리가 개발한 '피아노포르테'가 사용되기 시작했는데, 이는 셈여림 표현이 가능하다는 점에서 혁신적이었습니다. 그러나 현재의 피아노에 비해 크기가 작고, 역동적인 표현에는 한계가 있었습니다. 이후 피아노포르테가 발전하며 현재 우리가 사용하는 현대 피아노가 완성되었습니다.

현대 피아노는 88개의 건반과 강철 현을 가진 구조로, 커다란 해머가 현을 때려 무한대에 가까운 음량 표현이 가능합니다. 또한, 섬세한 터치를 통해 다양한 감정 표현이 가능해졌습니다. 바이엘과 체르니의 시대는 이러한 현대 피아노로의 발전 초기에 해당하며, 당시에는 테크닉적으로 화려한 연주가 각광받았습니다. 이 시기에 유행했던 '핑거스쿨'은 손목과 팔을 고정한 채 손가락만을 움직이는 교수법으로, 신체 생리학적 이해가 부족했던 교육법이었습니다. 이 방식은 연주자들에게 건초염과 같은 부상을 초래하기도 했으며, 유명한 피아니스트들조차 한동안 연주를 중단해야 했던 사례들이 있었습니다.

그럼에도 바이엘과 체르니는 수많은 연습곡을 작곡했고, 이 곡들이 오늘날 바이엘과 체르니 교재로 이어져 내려오고 있습니다. 그러나 이러한 교재는 과거의 피아노 구조와 교수법을 바탕으로 만들어졌기 때문에, 현대 피아노와 교수법에 반드시 적합하지는 않습니다. 물론 테크닉 훈련을 위해 바이엘과 체르니가 필요한 경우도 있습니다. 특히 체르니는 제목에 '테크닉 연습곡'이라는 명칭을 명확히 밝힐 정도로 기계적인 테크닉 연습을 목표로 한 곡들입니다. 우리 학원에서도 학생들의 테크닉 훈련이 필요할 때 체르니 교재를 사용하기도 합니다.

그러나 기존의 원본 교재는 난이도가 높고 반복적인 학습이 많아 학생들이 어려움을 느끼거나 지루함을 호소하는 경우가 많습니다. 이런 이유로 현대에는 난이도를 낮추고 쉽게 간추린 바이엘과 체르니 교재들이 많이 나오고 있습니다. 하지만 오늘날에는 최신 교수법과 현대 피아노의 특성에 맞춘 다양한 교재가 개발되어, 더 나은 학습 방법을 선택할 수 있습니다. 심지어 바이엘과 체르니의 본고장인 독일에서도 바이엘은 더 이상 가르치지 않고 있습니다. 현대의 교육은 단순히 과거의 방식을 답습하기보다는 새로운 교수법과 교재를 통해 학생들에게 더 흥미롭고 효과적인 학습 경험을 제공해야 합니다.

피아노를 가르치면 달라지는 것들

　피아노 학원에서 아이들이 고전시대의 음악에만 머물며 지루함을 느껴 피아노의 매력을 제대로 알지 못한 채 그만두는 것은 피아노를 가르치는 사람으로서 매우 안타까운 현실입니다. 현대의 피아노는 과거의 피아노보다 건반이 무겁고 규모도 크기 때문에, '계란을 꽉 쥔 손'이나 '손목 고정 주법'과 같은 과거의 방법이 아니라, 무게와 반동을 이용한 유연성을 기르는 테크닉이 필수적입니다. 손가락뿐만 아니라 손목, 팔, 상체, 몸 전체를 유기적으로 사용해 연주할 줄 알아야 하며, 단순히 악보를 읽는 레슨이 아니라 음악을 느끼고 감정을 표현하는 법을 배우는 과정이 되어야 합니다.

피아노 레슨은 단순히 악기를 배우는 것을 넘어, 아이들에게 다양한 발달적 가치를 제공합니다. 아이들은 악보를 읽으며 시각적 능력을, 소리를 듣고 분석하며 청각적 능력을 키웁니다. 또한 페달을 사용하는 전신의 움직임과 감정 표현은 소리 자극을 통한 뇌 발달과 정서 발달을 도와줍니다. 이러한 과정은 지능 발달뿐만 아니라, 아이들이 평생 음악을 즐길 수 있는 기반을 마련해줍니다. 이는 단순히 피아노를 배우는 것이 아니라, 악기 하나쯤은 멋지게 연주할 줄 아는 사람으로 성장하는 과정을 의미합니다.

저는 강사 시절부터 지금까지 10여 년간 시중에 나온 다양한 교재를 가르치며, 각 교재의 장단점을 명확히 파악하게 되었습니다. 바이엘, 어드벤처, 프리미어, Smart8, 아카데미아 등 여러 교재를 활용하며, 어떤 교재가 아이들에게 더 적합한지 지속적으로 연구해 왔습니다. 기본 교재 외에도 병행해서 사용할 수 있는 새로운 교재가 나오면 항상 살펴보고, 아이들에게 유익하다고 판단되면 바로 수업에 도입해왔습니다.

피아노 레슨은 단순히 테크닉을 가르치는 것을 넘어, 아이들이 음악을 통해 감정을 느끼고 표현하며, 자신만의 음악적 감각을 발견할 수 있는 경험을 제공해야 합니다. 이를 위해 교재와 교육 방식은 시대에 맞게 지속적으로 발전해야 하며, 아이들이 음악을 통해 성장하고 즐거움을 느낄 수 있도록 돕는 것이 가르치는 사람의 역할이라고 믿습니다.

피아노와 공부 두뇌

저는 좋은 커리큘럼을 만드는 것과 끊임없이 연구하고 공부하며 레슨의 질을 높이는 것을 최우선으로 생각합니다. 결국, 레슨이 재미있다면 자연스럽게 피아노 실력이 향상됩니다. 실력이 늘면 자신감과 성취감이 생기고, 음악성도 자연스럽게 따라오게 됩니다. 이런 이유로 다른 학원을 다니다가 우리 학원을 찾아온 많은 학생들이 이전에는 한 번도 쳐보지 못한 곡들을 배우며 신기해하고, 부모님이나 친구들에게 자랑하기도 합니다.

그렇다면 왜 아이들에게 피아노를 가르치는 것이 필요할까요? 우선, 악기 레슨은 뇌 발달에 매우 효과적입니다. 연주 실력과 상관없이 그 과정 자체가 아이들의 집중력 발달에 큰 도움을 줍니다. 또한, 피아노 연주는 명상 효과를 통해 감정을 정화시키고 스트레스를 해소하는 데도 유익합니다. 의학적으로도 스트레스는 코르티솔 수치를 높여 학습 능력을 저하시킬 뿐 아니라, 우울증이나 정신질환까지 유발할 수 있다고 알려져 있습니다. 이러한 코르티솔을 줄이는 방법으로 전문가들은 산책과 함께 음악 활동을 추천하고 있습니다.

뿐만 아니라, 소아청소년과 전문의 김영훈 박사는 그의 저서 아이의 공부두뇌에서 뇌 성장을 위해서는 무엇보다 정서 발달이 중요하다고 강조합니다. 그는 감정의 뇌인 변연계의 기능이 활성화되면 집중력과 학습 동기가 높아지고, 기억력도 향상된다고 말합니다. 피아노 레슨은 이와 같은 정서 발달을 촉진하는 데 매우 효과적인 도구로, 아이들이 음악을 통해 감정을 표현하고, 이를 통해 뇌와 마음 모두의 건강을 증진시킬 수 있도록 돕습니다.

피아노, 언제 가르치면 좋을까

피아노는 몇 살 때 배우는 것이 가장 적합할까요? 그리고 조기교육이 꼭 필요할까요? 아이들의 지적 성장이 가장 왕성한 시기는 유아기입니다. 특히 6세 전후는 지능 발달이 가장 활발히 이루어지는 시기로, 이 시기에 어떠한 환경에서 어떤 경험을 하는지가 아이들의 지적 능력과 인성을 크게 좌우합니다. 따라서 아이들의 성장 과정에서 부모나 교사가 얼마나 적극적으로 능력을 계발시키는지가 매우 중요하며, 그중에서도 음악 능력은 다른 능력에 비해 조기에 발달하기 때문에 아동기에 음악 능력을 계발하는 것은 그 의미가 매우 큽니다.

특히 6~9세의 피아노 교육은 아이의 음악성 발달에 매우 효과적입니다. 이 시기는 지능 발달뿐 아니라 음악적 감각과 운동 감각이 빠르게 성장하는 시기로, 피아노 교육은 빠르면 빠를수록 좋다고 할 수 있습니다. 아이가 이 시기에 피아노를 배우는 경험은 평생의 음악 능력을 결정짓는 중요한 토대가 될 수 있기 때문입니다.

어린 나이에 피아노를 배우는 것에는 여러 가지 장점이 있습니다. 어릴 때부터 클래식을 접한 아이들은 읽기 능력이 뛰어나며 학업 성취도가 높은 것으로 나타났습니다. 또한, 피아노 교육을 통해 듣기 능력이 발달하며, 이는 음악 외에도 언어와 학습 능력 전반에 긍정적인 영향을 미칩니다. 운동기능과 밀접한 관계가 있는 리듬 교육은 유아기에서 초등학교 저학년 시기가 가장 적합한데, 피아노 학습은 양손의 움직임을 통해 근육 발달과 운동 감각 향상에 커다란 도움을 줍니다. 예컨대, 12세 이전에 6년 이상 악기를 연습한 학생들은 그렇지 않은 학생들보다 언어 기억 능력이 우수하다는 연구 결과도 있습니다.

이뿐만 아니라 유아기의 음악 교육은 심리적 안정에도 긍정적인 영향을 미칩니다. 음악은 아이들 마음속의 긴장과 갈등을 해소하고, 아이들이 보다 밝고 긍정적인 성격으로 성장할 수 있도록 도와줍니다. 음악을 통해 자유롭게 자신을 표현하고 감정을 순화함으로써 타인과의 원만한 관계를 형성할 수 있는 사회적 능력 또한 기를 수 있습니다.

매일 음악을 들으며 자란 아이들은 음악 지능이 발달하며, 이는 신체 능력, 언어, 수학, 공간 지각 능력, 정서 등 다른 지적 능력과 밀접한 관련이 있어 다양한 학습에 큰 도움을 줍니다. 이러한 점에서 음악 교육은 단지 음악성 개발에만 그치는 것이 아니라, 전반적인 학습과 성장에 지속적인 긍정적 영향을 미칩니다. 결과적으로, 조기에 이루어진 피아노 교육은 아이들에게 음악적 성취감뿐 아니라 다양한 지적, 정서적, 사회적 발달을 가져다주는 귀중한 경험이 될 수 있습니다.

빨리 시작할수록 좋은 이유

유아기는 창의적 능력이 절정에 이르는 시기로, 음악과 같은 예술 활동은 아이들의 상상력을 자극하고 훈련하여 사물을 새롭게 볼 수 있는 시야를 기르는 데 큰 도움을 줍니다. 음악을 배우는 과정에서 아이들은 새로움을 창출하는 능력을 키우며, 문제 해결을 위한 집중력과 탐구력, 독창성, 융통성, 유창성 같은 중요한 능력을 발달시켜 삶을 풍부하게 만드는 데 기여합니다. 이 때문에 피아노는 유치부 혹은 최소 초등학교 저학년부터 시작하는 것이 매우 중요합니다. 이 시기를 놓치면 음악적 능력이 충분히 성장하지 않을 가능성이 높습니다.

아이들은 일상생활에서도 자연스럽게 음악을 즐깁니다. 말을 배우기 전부터 들었던 음악을 흥얼거리거나, 벨소리와 악기 소리를 신기해하고 즐거워합니다. 유치원에서 초등학교 저학년까지는 음을 듣는 감각이 가장 민감한 시기로, 음의 높낮이를 판별하는 능력과 리듬감이 급격히 발달합니다. 이 시기에 음악을 배우는 어린이들은 음높이를 상대적으로 고려하기보다 바로 기억할 수 있어, 절대 음감을 교육하기에도 효과적입니다.

6~7세의 유치부 아이들을 지도한 경험에 따르면, 어린 아이들이 피아노 앞에 앉아 수업에 집중할 수 있는 시간은 약 15분 정도로 짧습니다. 또한, 스스로 연습하는 시간을 버텨내는 것도 쉽지 않은 일입니다. 하지만 어린 나이에 매일 음악을 접하는 환경을 만들어주는 것은 충분히 가능합니다. 예를 들어, 피아노 학원에 오는 아이들은 언니, 오빠들이 연주하는 모습을 보며 무의식적으로 다양한 음악에 노출됩니다. 피아노 연주뿐만 아니라 노래를 부르거나 친구들과 함께 연주하는 경험을 통해 음악적 흥미를 자연스럽게 키우게 됩니다.

레슨 중에는 선생님의 연주를 듣고 표현을 따라 해보며, 피아노가 가진 다채로운 음색을 경험하게 됩니다. 악보를 볼 줄 모르는 어린 아이들도 소리 감각을 키워주는 방식으로 수업이 가능하며, 모방 레슨을 통해 충분히 연주를 배울 수 있습니다. 또한, 피아노 건반을 다뤄보며 높고 낮은 음역대를 인지하고, 박자와 리듬감을 키우며, 다섯 손가락을 고루 사용하는 연습을 통해 소근육 발달에도 도움을 줄 수 있습니다.

우리 학원에서도 유치부에서 초등학교 1~2학년 사이에 피아노를 시작한 아이들이 대부분입니다. 특히, 피아노를 빨리 시작한 아이들은 시간이 지나면서 음악적 성장에 가속도가 붙는 것을 자주 확인할 수 있었습니다. 이러한 초기 교육은 아이들이 피아노를 배우는 데 있어 단단한 기반이 되어, 이후의 음악 학습과 발전에 큰 도움을 줍니다. 피아노 교육은 단순히 악기를 배우는 것을 넘어 아이들의 창의성과 감각을 발달시키며, 음악을 통해 삶을 더 풍요롭게 만드는 귀중한 경험을 제공합니다.

MIT는 왜 음악을 가르칠까

MIT는 세계 공과대학 랭킹 1위를 지키는 최고의 대학 중 하나로, 노벨상 수상자를 90명이나 배출한 놀라운 학교입니다. 그런데 이런 공과대학에서 악기 소리가 울려 퍼지고, 게시판마다 연주회 정보가 넘쳐난다면 믿을 수 있으신가요? MIT의 학생들은 전공 실험 리포트를 준비하면서도 악보를 함께 들고 다니며, 음악과 공학을 동시에 배우는 독특한 학업 환경에 익숙합니다.

MIT는 예술과 인문학부 과목을 모든 학생이 필수로 이수하도록 하고 있으며, 여기에는 음악사, 음악이론, 작곡, 피아노 실기 등의 다양한 음악 수업이 포함됩니다. 이러한 정책 덕분에 MIT는 공과대학임에도 불구하고 타임즈 매거진이 선정한 예술교육 분야 세계 랭킹 2위를 기록할 수 있었습니다. 또한, 음악과 공학을 복수 전공하는 학생들이 넘쳐나는 것도 MIT만의 독특한 학문적 특징입니다.

'MIT의 음악 수업'이라는 책에는 공학 논문을 쓰며 피아노 독주회를 준비한 학생의 사례가 실려 있습니다. 이 책에는 작곡을 통해 학업 스트레스를 해소하는 이야기, 악기 연주가 일상에서 가장 소중한 순간이라고 말하는 학생들의 스토리가 가득합니다. MIT에서 음악 교육은 단순히 학업의 일부를 넘어, 학생들의 삶과 학문적 여정에 깊은 영향을 미치고 있습니다.

MIT가 학생들에게 음악을 가르치는 이유는 명확합니다. 과학은 인류의 편리한 삶을 도모하는 학문이지만, 기술 혁신에 치중하다 보면 인간에 대한 존중과 이해를 놓치기 쉽습니다. 따라서 MIT는 과학을 공부하는 학생들에게 인간에 대한 깊은 이해와 사랑을 갖추도록 돕기 위해 음악 교육이 중요한 역할을 한다고 믿습니다. MIT는 음악이 인간의 감성을 자극하고, 창의성을 높이며, 학문을 넘어 삶의 풍요로움을 더해줄 수 있다는 점을 깊이 이해하고 있었던 것입니다.

피아노 학원과 선생님

"아이가 피아노 학원 선생님이 되고 싶다는 꿈이 생겼어요."

"여러 학원 중 우연히 들어갔던 학원이 바로 선생님이 계신 곳이었네요. 완전 행운이에요."

"선생님의 따뜻함에 낯가림 심한 우리 아이가 친구 한 명 없는 곳에서도 잘 적응할 수 있었어요."

"아이가 자신감이 많이 생겼습니다. 아이의 성장과 성취를 도와주셔서 정말 감사합니다."

이 말씀들은 어느 날 콩쿠르를 마친 후 학부모님들께 들은 이야기입니다. 사실 저는 그저 아이들을 열심히 가르쳤을 뿐, 학부모님들께 자주 연락을 드리거나 세심히 신경을 쓴 적은 많지 않았습니다. 솔직히 말하자면, 그때까지도 학부모님들을 대하는 일이 어렵게 느껴졌습니다. 아마도 개원 초기의 트라우마 때문만은 아니었을 것입니다.

그런데 학부모님들께서 건네주신 이런 따뜻한 말씀들은 제게 큰 놀라움과 감동을 안겨주었습니다. 감사와 감동이 밀려와 몸 둘 바를 몰랐던 그 순간, 제가 그동안 해왔던 노력과 과정들이 결코 헛되지 않았음을 깨닫게 되었습니다. 서로 내색은 하지 않았지만, 마음 깊은 곳에서 제 진심을 알아주셨다는 생각에 얼마나 큰 위로를 받았는지 모릅니다. 마치 그동안의 모든 수고가 이해받고 인정받는 듯한 느낌이었습니다.

아마도 당시의 저에게 가장 필요했던 것은 아이들과 학부모님들로부터 "그래도 괜찮은 선생님이었다"는 인정과 신뢰였을지도 모릅니다. 그 말들이 제게 전해진 순간, 지난 시간의 모든 노력이 보람으로 다가왔고, 앞으로도 더 나은 선생님이 되고 싶다는 다짐을 하게 되었습니다.

콩쿨에서 마지막 기회를 보다

막 학원을 그만두기로 다짐했던 제게 학부모님들의 따뜻한 반응은 "진짜 마지막으로 딱 한 번만 더 해보자"는 용기와 희망을 주었습니다. 그 순간은 저에게 터닝포인트가 되었고, 지금의 이플피아노를 있게 해주신 학부모님들께 진심으로 감사드립니다. 만약 그때 그 마음을 몰랐다면, 지금 아이들과 행복한 시간을 보내고 있는 저 자신도 없었을 것입니다.

그때부터 저는 우리 학원의 문제점을 객관적으로 파악하기 시작했습니다. 부족한 부분을 채우기 위해 브랜딩, 마케팅, 고객 관리와 같은 분야를 공부하기 시작했고, 그동안 중요하게 생각하지 않았던 이 부분들에 깊이 몰두했습니다. 매일 책을 읽고, 필사적으로 필기를 하며 새벽까지 정리를 이어갔습니다. 사업적으로 뛰어난 분들이나 브랜드 컨설팅 전문가들에게 직접 도움을 요청하기도 했고, 우리 학원만의 정체성에 대해 끊임없이 고민하며 방향성을 찾기 위해 노력했습니다. 이 모든 과정에 투자한 시간은 1년이었고, 그 안에 변화가 없으면 학원을 그만두겠다는 각오로 임했습니다.

학원 운영이 어렵다는 이야기는 종종 들려옵니다. 출생률 감소와 돌봄 제도와 같은 외부적인 요인도 있지만, 저는 그보다 더 중요한 원인이 피아노 교육에 대한 '인식 부족'이라고 생각합니다. 학부모들이 피아노 교육의 필요성과 중요성을 충분히 알지 못하기 때문에, 이를 선택 사항으로 여기는 경향이 강합니다. 이런 문제를 해결하기 위해서는 학부모님들에게 피아노 교육이 아이들에게 왜 필요한지, 어떤 유익을 제공하는지 명확히 전달해야 합니다. 이를 위해 학원의 문제를 면밀히 분석하고, 부족한 점을 해결하기 위한 노력이 필수적입니다.

저 역시 많은 어려움 속에서 지금의 안정적인 위치에 이르기까지 수많은 난관을 극복해야 했습니다. 절망감에 눈물로 지새운 밤도 적지 않았습니다. 하지만 저는 아이들과 학부모님을 관리하는 방법, 상권에 맞는 학원 시스템 구축법, 그리고 티칭과 마케팅, 브랜딩까지 끊임없이 공부하고 적용하며 지금의 이플피아노를 만들어낼 수 있었습니다.

만약 저와 같은 고민을 하고 있는 선생님들이 계시다면, 학원의 어려움을 단순히 외부적인 요인으로만 돌리지 말고, 왜 학원이 여전히 어려운지 진지하게 고민해보길 권합니다. 그 절박함 속에서 자신만의 해답을 찾아낼 수 있을 것입니다. 피아노 교육의 가치를 학부모님과 아이들에게 전달하고, 학원의 정체성과 방향성을 명확히 설정한다면, 어려운 상황 속에서도 새로운 가능성을 열어갈 수 있을 것입니다.

피아노를 만난 아이들

피아노 교육의 본질을 이야기하기에 앞서, 음악 교육의 본질에 대해 먼저 생각해보아야 합니다. 음악 교육은 단순히 악기를 배우는 것을 넘어, 소리에 대해 지각하고 반응할 수 있는 능력을 길러주며, 이를 통해 아이들이 각자의 음악적 감수성을 개발할 수 있도록 돕습니다. 특히, 음악 교육은 시각, 청각, 손과 발 등 전신을 사용하여 모든 감각을 고루 발달시키는 유일한 교육적 방법이기도 합니다. 또한, 음악은 현대 교육에서 강조되는 가장 중요한 요소 중 하나인 **창의성** 발달에도 큰 기여를 합니다.

그중에서도 피아노는 가장 보편화된 음악 교육 도구로, 악보 읽기와 감상, 음악적 지식의 발달, 감각 발달 등 종합적인 측면에서 조기 교육에 적합한 악기입니다. 아이들이 피아노를 통해 좋은 음악 작품을 접하고, 다양한 음악적 활동에 참여한다면, 수백 가지의 소리를 통해 자신의 감정을 표현하는 법을 배우게 됩니다. 이는 뇌의 여러 부분을 동시에 활성화시키며, 뇌 개발과 인지 발달에 탁월한 효과를 가져옵니다.

신경과학자 슬라우크의 연구에 따르면, 음악가의 뇌는 일반인보다 언어와 음악 자극에 대한 반응 속도가 더 빠르고, 반응 범위도 더 넓습니다. 이는 음악 활동이 뇌의 양측을 골고루 사용하게 한다는 점을 보여줍니다. 특히, 어린 시절에 악기를 배울수록 이러한 효과가 더욱 극대화된다고 그는 강조했습니다. 피아노 연주는 좌뇌와 우뇌의 균형을 맞추며 발달시키는데, 특히 우뇌는 창조적이고 감각적인 사고를 담당하는 부분으로, 아이들은 음악을 통해 기쁨, 슬픔, 따뜻함, 벅참 등의 다채로운 정서를 경험할 수 있습니다. 언어 표현이 서툰 아이들도 피아노를 연주하면서 자신이 표현하지 못했던 감정이나 스트레스를 해소할 수 있습니다.

또한, 연주회나 콩쿠르와 같은 무대 경험은 아이들에게 자신감을 키워주고, 성취감을 느끼게 하여 긍정적인 자기 이미지를 형성하는 데 도움을 줍니다. 피아노는 규칙적인 연습이 필수적이기 때문에 아이들은 이를 통해 자제력과 인내심을 기르는 훈련도 함께 할 수 있습니다. 이러한 점에서 피아노는 단순히 음악을 배우는 것 이상으로 아이들의 전반적인 성장을 돕는 중요한 교육적 도구입니다.

피아노 교육은 학업에도 많은 도움을 줍니다. 음악은 연령을 불문하고 사람들에게 안정감과 집중력을 제공하며, 산만한 생각을 정리하고 복잡한 정보를 더 쉽게 기억할 수 있게 합니다. 음악을 통해 리듬, 멜로디, 선율과 같은 요소가 두뇌에 저장되면, 나중에 이 음악을 떠올릴 때 당시의 사건과 감정까지도 함께 떠오르게 됩니다. 이는 기억력과 연상 능력을 동시에 자극하며, 아이들의 학습 능력 전반에 긍정적인 영향을 미칩니다.

현대 교육은 아이들의 개성과 창의력을 충분히 발휘하게 돕지 못하고 있습니다. 방과 후 프로그램을 통해 다양한 악기와 예술 수업이 제공되고 있긴 하지만, 피아노처럼 풍부하고 종합적인 예술적 경험을 제공하는 교육은 많지 않습니다. 피아노는 단순히 음악을 배우는 도구가 아니라, 아이들에게 창의적 사고, 정서 발달, 인지 능력 향상 등 다양한 혜택을 제공하며, 이들이 더 풍요로운 삶을 살 수 있도록 돕는 중요한 교육 수단입니다.

좋은 피아노 교사의 조건

아이들은 모두 각기 다른 타고난 잠재력과 적성을 가지고 태어나며, 그중 음악적 잠재력은 아이가 어릴 때 얼마나 많은 음악에 노출되었는지에 따라 발현된다고 합니다. 그러나 현재의 교육은 주입식과 암기에 치우쳐 있는 경우가 많아, 아이들의 상상력과 창의력을 향상시키는 데 한계를 보이곤 합니다. 그렇다면 피아노를 가르치는 것은 어떨까요? 피아노는 단순히 음악을 배우는 도구를 넘어, 아이들의 창의력과 잠재력을 키우는 강력한 매개체가 될 수 있습니다.

이 일을 하면 할수록 저는 피아노를 가르치는 선생님에게는 아이들에 대한 깊은 관심과 사랑, 그리고 사명감과 책임감이 필수적이라는 사실을 깨닫습니다. 그렇기 때문에 아이에게 적합한 피아노 학원을 선택하는 일은 부모님들에게 매우 신중한 결정이어야 합니다. 일반적으로 피아노 교육에 가장 적합한 시기는 만 5세에서 초등학교 저학년으로, 이 시기가 청감각이 가장 활발히 발달하는 시기이기 때문입니다. 그러나 어떤 나이든 피아노 교육의 효과는 선생님의 교수법과 사명감에 의해 좌우됩니다. 선생님이 어떤 방식으로 아이를 가르치는지에 따라 아이의 음악적 경험은 평생에 걸쳐 영향을 미칠 수 있음을 기억해야 합니다.

피아노 교육의 유익은 다양합니다. 다중지능과 잠재력의 발달은 물론, 집중력, 끈기, 자신감, 성취감을 키워줍니다. 아이들의 감성이 발달하는 것은 물론, 피아노 연주는 정서적 안정과 창의적 사고에도 기여합니다. 하지만 이 모든 효과를 극대화하려면 무엇보다 중요한 것은 선생님의 역량입니다. 선생님의 교수법이 아이들의 흥미와 열정을 끌어내는 데 결정적인 역할을 하기 때문입니다.

성인반 클래스를 가르치다 보면, 어린 시절 피아노를 배웠던 경험을 이야기하며 "너무 재미가 없었다"거나 "매일 똑같은 악보만 반복하는 것이 싫었다"고 말하는 분들을 만나곤 합니다. 이런 이야기를 들을 때마다 안타까운 마음이 들고, 피아노의 매력을 제대로 전달하지 못했던 과거의 교육 방식이 아쉬울 뿐입니다. 하지만 성인이 되어 다시 피아노 학원을 찾은 분들에게는 피아노가 얼마나 매력적이고 풍요로운 경험이 될 수 있는지 꼭 알려드리고 싶다는 의지가 생깁니다. 물론 피아노라는 악기의 특성상 절대적인 연습량은 반드시 필요합니다. 안 되는 것을 되게 하기 위해 노력하는 과정이 때로는 지루하고 힘들 수 있습니다. 그러나 이러한 과정을 이겨내고 원하는 연주 실력을 갖게 되었을 때 느끼는 뿌듯함과 성취감은 다른 경험으로 대체할 수 없습니다. 이 성취감을 한 번이라도 느껴본 사람이라면, 인생의 어려운 시기에도 이를 극복할 수 있는 힘과 자신감을 얻게 될 것입니다.

피아노는 아이들의 음악적 잠재력과 정서 발달은 물론, 삶의 도전과 성취를 배우게 하는 도구로, 단순히 연주 기술을 넘어 아이들의 삶에 긍정적인 변화를 가져다줄 수 있는 귀중한 교육적 기회입니다. 이를 위해서는 무엇보다 선생님의 사명감과 역량이 뒷받침되어야 하며, 그 과정에서 아이들은 피아노를 통해 자신만의 특별한 음악적 여정을 시작하게 될 것입니다.

피아노를 가르치는 보람

어떤 교육을 하든 가장 중요한 요소는 바로 교사의 자질입니다. 아무리 훌륭한 교재와 시설을 갖추고 있어도, 교사의 역량과 전문성이 부족하다면 교육 효과를 기대하기 어렵습니다. 피아노 교육도 마찬가지로, 단순히 악보를 보고 건반을 누르며 박자와 세기를 반복하는 학습이 아닙니다. 진정한 피아노 교육은 아이들의 음악적 상상력과 창의력을 발달시키고, 소리 감각을 키워주는 깊이 있는 지도가 필수적입니다. 이 모든 과정에서 교사의 실력과 전문성은 가장 중요한 요소로 작용합니다.

피아노 교육은 대부분 1:1 개인 레슨 형태로 이루어지기 때문에, 교사의 역량은 그 어떤 교육보다도 중요합니다. 특히, 교사는 아이들이 스스로의 한계를 도전하도록 격려하고 보살피는 능력이 있어야 하며, 아이들의 성향을 세심하게 파악해 숨은 잠재력을 발휘할 수 있도록 도와야 합니다. 이러한 관찰력은 단순한 기술이 아니라, 아이들 한 명 한 명에게 지속적인 관심과 애정을 기울이는 데서 비롯됩니다. 아이들이 어려워하는 부분을 파악하고 그에 대한 솔루션을 제시할 수 있는 선생님일수록 아이들의 발전 속도는 훨씬 빠릅니다. 효율적인 연습을 통해 연주력이 향상되고, 이는 곧 성취감으로 이어지기 때문입니다. 이 과정에서 중요한 것은 선생님의 긍정적인 피드백과 보상 활동입니다. 특히, 친구들과 주변 어른들로부터 받는 칭찬과 격려는 아이들에게 큰 동기부여가 됩니다. 선생님의 칭찬은 아이들의 자긍심과 긍정적인 사고를 형성하는 데 효과적이며, 아이의 노력과 구체적인 성장을 발견하여 칭찬하는 것이 중요합니다. 이는 학업 성취도로도 연결될 수 있습니다.

저와 함께 8년 동안 피아노를 배워온 한 학생이 떠오릅니다. 이 아이는 레슨이 없는 날에도 매일 2~3시간씩 꾸준히 연습하며 피아노를 좋아하는 모습을 보여주었습니다. 어느 날 저녁, 아이를 집으로 데려다주는 길에 학원을 지나가며 "선생님, 학원에서 더 연습하고 가도 될까요?"라고 물어보는 모습에서 피아노에 대한 진심이 느껴졌습니다. 제가 "그래, 하고 가"라고 답하자 아이는 너무 기뻐하며 학원으로 들어갔습니다. 궁금한 마음에 "너는 왜 그렇게 피아노가 좋니?"라고 물었더니, 아이는 이렇게 답했습니다.

"맨 처음 악보를 읽을 때부터 곡을 완성해가는 과정이 마냥 즐겁지만은 않아요. 가끔은 힘들기도 해요. 하지만 그것을 완성했을 때 느끼는 희열감과 성취감이 너무 좋아요. 다양한 악보를 보다 보니 공부할 때 암기력도 좋아진 것 같아요. 무엇보다 피아노를 치면서 목표가 생기는 게 좋아요. 힘들거나 지친 일을 잊고 피아노 연주에 집중하다 보면 어느새 기분이 좋아져요. 피아노는 제가 유일하게 온전히 집중하고, 순수하게 좋아하고 즐길 수 있는 단짝 친구와 같은 존재예요."

이 학생은 대회에서도 꾸준히 좋은 성과를 냈으며, 제가 진심과 열정을 다해 가르쳐준 덕분에 좋은 결과를 얻을 수 있었다며 존경과 감사의 편지를 보내곤 했습니다. 심지어 "선생님이 우리 집에 계셔서 계속 레슨을 해주셨으면 좋겠어요"라고 말하기도 했습니다.

  이 아이가 이렇게 느낀 가장 큰 이유는 자신이 성장했음을 매순간 체감했기 때문이라고 생각합니다. 저는 아이들을 지도할 때 그들의 한계를 단정 짓지 않고, 각자가 가진 잠재력을 최대한 이끌어내기 위해 최선을 다합니다. 그렇게 아이들을 지도하다 보면, 스스로도 놀랄 만큼 성장하고 변화하는 아이들의 모습을 보게 됩니다. 피아노는 단순한 음악 교육을 넘어, 아이들에게 성취감과 자신감을 심어주며, 삶의 도전과 성장을 배우게 하는 소중한 교육의 기회임을 매번 실감합니다.

4장. 사업가와 교육자 사이에서

피아노 교육의 현실
예술하는 아이의 뇌
교육은 사업일 수 있는가

피아노 교육의 현실

가끔 기차역에 놓인 피아노를 연주하는 사람을 보게 됩니다. 그 모습은 언제나 사람들의 주목을 받곤 합니다. 누가 봐도 평범한 사람이 피아노를 연주할 때, 이를 지켜보는 사람들은 그 순간만큼은 함께 행복해지는 것을 느낄 수 있습니다. 거대한 공연장에서 펼쳐지는 화려한 공연보다도 더 큰 감동을 줄 때가 있죠. 그래서 많은 이들이 한 번쯤은 악기를 배우고 싶다는 생각을 하게 됩니다. 왜냐하면 사람은 누구나 아름다운 음악과 예술 활동에 대해 본능적인 끌림을 가지고 있기 때문입니다. 피아노 연주는 바로 그 본능, 즉 행복해지고 싶은 본능에 가장 가까운 예술 활동 중 하나입니다.

사람들이 행복해지는 예술 활동에는 정말 많은 종류가 있습니다. 대개의 아이들은 공부를 잘하고, 부모님의 말씀을 잘 듣고, 시험 점수가 좋으면 모범생으로 인정받습니다. 하지만 모든 아이가 똑같이 공부만 잘할 수는 없는 법입니다. 어떤 아이는 운동을 좋아하고, 또 어떤 아이는 독서를 즐기며, 또 다른 아이는 그림 그리기나 음악 연주에 흥미를 느낍니다. 예술에 대한 본능적인 끌림은 사람마다 다를 수밖에 없습니다. 누군가는 무용에, 또 누군가는 피아노에, 혹은 시나 소설과 같은 문학에 빠질 수도 있습니다. 그리고 이러한 과정을 통해 자신만의 행복을 발견하고 경험할 수 있게 됩니다.

피아노 역시 이런 예술 활동 중 하나로, 아이들에게 자신만의 행복을 찾아가는 특별한 도구가 될 수 있습니다. 피아노 연주는 단순히 음악을 연주하는 것을 넘어, 감정을 표현하고 창의력을 발휘하며, 자신만의 이야기를 음악으로 그려내는 경험을 제공합니다. 이러한 과정은 아이들이 예술적 끌림을 통해 스스로를 이해하고, 삶의 작은 순간에서 행복을 느낄 수 있도록 도와줍니다. 예술은 사람들에게 단순한 취미 이상의 의미를 가지며, 각자만의 고유한 행복을 발견하게 만드는 특별한 길을 열어줍니다.

아이들의 삶에 감성을 더하는 법

저는 그 누구보다 우리 아이들이 행복하길 바랍니다. 피아노라는 예술 활동을 통해 아이들이 건강하게 자라나길 진심으로 바라고 있습니다. 그래서 오랜 시간 동안 제가 가르치는 피아노 교육의 유익에 대해 고민하고 또 고민해왔습니다. 그 결과, 제가 하는 일이 아이들의 감정과 정서에 큰 영향을 준다는 사실을 깨닫게 되었습니다. 하지만 그것이 어떤 과정을 통해 가능해지는지, 그리고 피아노를 배우는 것과 아이들의 감성 사이에 어떤 관계가 있는지 더 자세히 알고 싶었습니다.

이플 피아노라는 학원 이름은 아이들의 감성 지능(EQ)을 더해준다(plus)는 의미를 담고 있습니다. 이는 피아노를 통해 아이들의 행복한 감성 교육이 가능하다는 사실을 세상에 알리고 싶었던 제 마음에서 비롯된 이름입니다. 그러나 현실에서 피아노 교육은 여전히 많은 오해를 받고 있습니다.

"이제 어느 정도 악보 읽을 줄 아는 것 같은데…."
"영수 다니느라 시간이 없어서…."
"전공할 것도 아닌데 언제까지 다녀야 할까요?"

이러한 말들은 제가 지난 7년 동안 학원을 운영하며 학부모님들로부터 자주 들었던 이야기들입니다. 이런 생각들은 피아노 학원에 보내는 이유가 단순히 '악보를 읽을 줄 아는 능력'에

국한되어 있기 때문에 나타납니다. 그래서 학부모님들은 "고학년이 되어 시간이 없어요", "진도 빨리 나가게 해주세요", "계이름만 볼 줄 알게 해주세요"라고 말씀하시곤 합니다. 만일 이것이 피아노를 배우는 이유의 전부라면, 어떤 학원에서 누구에게 배우든 큰 차이가 없을지도 모릅니다.

하지만 제 생각은 다릅니다. 피아노를 배우는 진짜 이유는 '예술이 주는 특별한 영감과 경험'을 얻기 위해서라고 믿습니다. 사람들은 본능적으로 예술 활동을 추구하며, 이를 통해 영감을 얻고 기쁨과 행복을 느낍니다. 이때의 영감은 우리의 모든 감각을 깨우고, 깊이 내재되어 있던 숨은 잠재력까지 발휘하게 만드는 놀라운 역할을 합니다. 그리고 이런 특별한 성취를 경험하면, 다른 학습은 물론 삶 전체를 대하는 태도와 습관까지 성숙해지게 됩니다.

이런 이유로 저는 피아노 교육이 단순히 계이름을 익히거나 진도에 집착해서는 안 된다고 생각합니다. 피아노를 가르치는 목적은 단순히 기술을 익히는 데 그치는 것이 아니라, 아이들이 피아노를 통해 예술적 경험을 하고, 이를 통해 정서적인 안정과 행복을 얻을 수 있도록 돕는 데 있다고 믿습니다. 만일 우리가 가르치는 피아노 교육이 아이들에게 이러한 예술적 경험을 제공하지 못한다면, 그리고 아이들이 이를 통해 정서적인 성장을 이루지 못한다면, 피아노를 가르치는 일은 아무런 의미가 없다고 생각합니다.

피아노는 단순한 악기가 아니라, 아이들의 감성을 깨우고, 창의력과 상상력을 자극하며, 삶을 바라보는 방식을 성숙하게 만드는 특별한 도구입니다. 저는 피아노 교육이 아이들에게 영감을 주고, 그들의 마음을 풍요롭게 하며, 나아가 더 행복한 삶으로 이끌어줄 수 있는 교육이 되어야 한다고 굳게 믿고 있습니다.

우리 아이가 달라졌어요!

민호 어머니는 일란성 쌍둥이를 키우고 계십니다. 첫째는 활발하고 에너지가 넘치며 사회성이 좋은 반면, 둘째는 차분하고 조용하며 정적인 것을 좋아하는 편이죠. 어릴 때 아이들을 데리고 키즈카페에 가면 첫째는 찾기 힘들 정도로 이곳저곳을 뛰어다녔다고 합니다. 그런데 둘째인 민호는 바닥에 앉아서 블록만 만지며 그 자리를 떠나지 않았다고 해요. 자신의 감정을 표출하는 방법을 잘 모른달까요. 그래서 도움이 될까 하고 태권도 학원에 보내셨다고 했습니다. 하지만 역시나 몇 개월 다니지 못했던 모양입니다. 민호는 심지어 다른 아이들 다 하는 기합 소리 내는 것도 어려워했습니다. 여러 사람 앞에 서는 것도 불편해했구요.

그래서 민호에게 혹시 음악을 배우는 건 어떨까 하고 물어보셨다고 합니다. 민호 어머니는 학교에 들어가기 전 피아노를 배워놓으면 이론이든 실기든 분명 아이에게 좋을 거라 생각하셨다고 해요. 게다가 민호 어머니도 어렸을 때 1~2년 정도 피아노를 배우셨던 기억을 가지고 계셨습니다. 그래서 가끔 생각날 때마다 피아노를 치면 한결 기분이 좋아진다는 사실을 알고 있었습니다. 더구나 민호가 피아노 장난감을 갖고 노는 걸 보니 잘 따라할 수 있겠다는 생각이 들었다고 합니다. 다행히 민호는 피아노를 배우는 것에 동의했고, 학습도 빨랐습니다. 수년이 지난 지금까지도 민호는 여전히 피아노를 즐겁게 배우고 있습니다.

사실 피아노 교육은 모든 아이를 전문 음악인으로 만들기 위한 교육이 아닙니다. 아이들이 좀 더 풍요롭고 윤택한 삶을 영위해 나가고, 보다 자유로운 자기 표현을 하기 위한 교육입니다. 특히 감수성이 예민한 어린 시절의 피아노 학습 경험은 정신적, 육체적 성장을 자극하며 올바른 인격 형성에도 도움을 줍니다. 그동안 피아노 학원을 운영하면서, "전공할 것도 아닌데" 하며 1~2년 다니다가 그만두시는 분들을 종종 만나곤 했습니다. 콩쿠르 등의 무대 경험을 꺼리는 분들도 많이 보았습니다. 그래서 우리 학원은 다음과 같은 세 가지 영역의 발달을 목표로 아이들에게 피아노를 가르치고 있음을 알리고 있습니다.

첫 번째는 인지의 영역입니다. 우리 학원은 아이들이 좀 더 쉽게 음악을 이해하고, 좀 더 풍부하게 들을 수 있는 감성을 기르는 데 더 많은 노력을 기울이고 있습니다. 따라서 획일화된 커리큘럼이 아닌 최신의 음악 교육에 늘 관심이 많습니다. 아이들이 자연스럽게 좀 더 다양한 스타일의 곡을 접할 수 있도록 노력하고 있습니다.

두 번째는 연주 기술입니다. 모든 어린이가 훗날 전문 예술인의 길을 선택하는 것은 아닙니다. 단지 취미로써 피아노 연주를 즐기는 경우가 더 많을 것입니다. 그러므로 어린 시절 좀 더 좋은 연주 기술의 기반을 심어주어 더 폭넓게 풍부하게 음악을 즐길 수 있는 교육을 지향하고 있습니다.

세 번째는 감정적, 정서적 영역입니다. 피아노는 어린이의 정서생활을 풍요롭게 해줍니다. 또한 아름다운 심성을 기르고 예술에 대한 적극적인 태도와 가치관을 가질 수 있게끔 도와줍니다. 따라서 악보 읽어주기에 치중된 수업이 아닌, 피아노가 가진 다채롭고 풍부한 음색을 느끼도록 하는 데 노력을 기울이고 있습니다. 아울러 상상력과 음악성을 자극하는 레슨을 통해 감정과 정서를 발달시키고 있습니다.

피아노와 정서적 안정

아이들은 건강하게 자신의 감정을 표출함으로써 정서적 안정을 이룰 수 있습니다. 정서적으로 안정된 아이들은 자연스럽게 더 나은 교우 관계를 맺으며, 부모와의 관계 또한 긍정적으로 형성됩니다. 이러한 정서적 안정은 학업 성과에도 영향을 미쳐 성적 향상으로 이어지곤 합니다. 하버드대학교의 하워드 가드너 교수는 자신의 책에서 사람에게는 6가지 지능이 있다고 말하며 이를 다중지능이라 정의했습니다. 그는 언어지능, 음악지능, 생물친화지능, 공간지능 등 다양한 지능이 사람마다 다르게 발달할 수 있다고 설명했습니다. 그런데 성공한 사람들에게는 공통적으로 또 하나의 중요한 지능이 있다고 지적했는데, 그것이 바로 자기 성찰 지능입니다.

자기 성찰 지능이란 자신을 객관적으로 바라볼 수 있는 능력을 말합니다. 이러한 능력을 가진 사람들은 자신이 화가 난 상황에서도 왜 화가 났는지 스스로를 제3자의 입장에서 관찰하고 판단할 수 있습니다. 이 능력은 메타인지라고도 불리며, 마치 방 안에 앉아 있는 자신을 카메라로 내려다보듯 스스로를 객관화하는 능력을 의미합니다. 자기 성찰 지능이 뛰어난 사람들은 다양한 자극에 대해 감정적으로 반응하기보다는 주도적으로 판단하고 대응할 수 있습니다. 많은 전문가들은 자극과 반응 사이에는 공간이 있다고 말합니다. 예를 들어, 누군가가 자신에게 무례하게 행동했다고 생각해보세요. 즉각적으로 대응하면 감정적으로 반응하거나 좋지 않은 결과로 이어질 가능성이 높습니다. 하지만 자극과 반응 사이의 공간을 인식할 수 있는 사람은 그 상황을 다르게 바라봅니다. "왜 저 사람이 나에게 그렇게 행동했을까?"라고 스스로에게 질문하며, 어쩌면 그 사람이 자신이 아닌 다른 이유로 화를 낸 것일지도 모른다고 생각할 수 있습니다. 이러한 사고방식은 감정적으로 휘둘리지 않고 무례한 사람에게도 웃으며 대처할 수 있는 여유를 제공합니다.

오늘날, 스스로 감정을 건강하게 표출하지 못하는 사람들이 점점 많아지고 있습니다. 그러나 교육의 본질, 특히 피아노 교육의 본질을 다시 생각해보면, 이 과정이 아이들의 감정 교육과 깊이 연결되어 있다는 것을 쉽게 이해할 수 있습니다. 피아노를 배우는 과정은 단순히 악기를 연주하는 기술을 익히는 것이 아니라, 아이들이 자신의 감정을 음악을 통해 건강하게 표현하고 정서적 안정을 찾을 수 있도록 돕는 것입니다. 피아노 교육은 감정 표현과 자기 성찰을 배울 수 있는 귀중한 기회를 제공하며, 아이들이 더 균형 잡힌 삶을 살도록 이끌어주는 중요한 도구로 작용합니다.

예술하는 아이의 뇌

"예술이 풍부한 환경 속 아이들이 성숙한 사회를 만든다"
- 최준호, 한예종 연극원 원장

그렇다면 음악 교육은 어떻게 이루어져야 할까요? 저는 음악이 아이들의 상상력을 키우는 데 매우 효과적이라고 생각합니다. 예를 들어, 스타카토는 비눗방울이 톡톡 터지는 느낌을, 레가토는 조심스럽게 구름 속을 걸어가는 듯한 느낌을 상상하게 합니다. 이러한 상상을 통해 아이들은 단순히 음표를 연주하는 것을 넘어, 음악 속에 담긴 이미지를 떠올리고 그 분위기를 체감하게 됩니다.

피아노 레슨에서는 선생님의 스토리텔링을 통해 곡의 분위기와 의미를 가르칠 수 있습니다. 곡의 이야기를 들려주고, 그에 맞는 터치와 톤을 만들어내는 작업을 함께 하며, 아이들은 음악 속에 담긴 다채로운 감정을 느끼고 표현하는 방법을 배우게 됩니다. 이는 곧 상상력과 창의력을 키우는 과정이 됩니다. 아이들이 스스로 곡의 이미지를 상상하고, 연주를 통해 그것을 표현하는 과정은 음악적 감수성과 함께 정서적 성장에도 큰 도움을 줍니다.

또한, 선생님이나 친구들과 함께하는 듀엣 앙상블 수업은 음악 교육의 또 다른 중요한 요소입니다. 아이들은 앙상블을 통해 함께 호흡을 맞추고, 서로의 생각을 공유하며, 하모니를 만들어가는 경험을 하게 됩니다. 이는 단순히 기술적인 연습을 넘어, 협력과 소통을 배우는 의미 있는 작업입니다. 앙상블을 통해 아이들은 자신만의 소리를 만들어내는 동시에, 다른 사람들과 조화를 이루는 방법을 익힐 수 있습니다. 음악 교육은 단순히 악기를 연주하는 기술을 가르치는 데 그치지 않고, 상상력, 창의력, 정서적 감수성을 발달시키며, 사회적 협력과 소통 능력까지 키울 수 있는 다면적인 교육이어야 합니다. 피아노 레슨에서 곡의 이미지를 떠올리고, 이를 연주로 표현하며, 앙상블을 통해 함께 음악을 만들어가는 경험은 아이들에게 음악의 진정한 가치를 깨닫게 하고, 나아가 더 풍요로운 삶을 살아갈 수 있는 밑거름이 될 것입니다.

오래도록 피아노를 치면 좋은 이유

피아노는 꾸준한 연습량이 뒷받침되어야 실력이 향상되는 악기입니다. 한 곡을 연습할 때에는 한 마디도 수십 번씩 반복해야 하므로, 어린 아이들이 이러한 고된 연습 과정을 견뎌내는 것은 쉽지 않습니다. 그렇기 때문에 아이들이 효율적이고 체계적인 연습을 할 수 있도록 잘 관리해주는 것이 중요합니다. 피아노 연습은 자기와의 싸움입니다. 이 시간을 인내심과 끈기를 가지고 끝까지 이겨낼 수 있도록 이끌어주는 것이 교사의 역할입니다. 왜냐하면 성장하고 성취감을 느끼기 위해서는 끈기와 인내가 반드시 필요하기 때문입니다. 이 과정을 잘 이겨냈을 때, 아이들은 비로소 성장할 수 있습니다.

사람은 같은 경험을 반복할수록 더 깊이 이해하고, 횟수가 증가할수록 그 경험에서 배우는 것도 많아집니다. 끈기와 인내는 단지 피아노 연습에서만 중요한 것이 아니라, 삶을 살아가는 데 있어 필수적인 자질입니다. 특히, 음악은 아이들에게 즐거움을 제공할 뿐 아니라, 끈기와 인내를 배울 수 있는 훌륭한 도구가 됩니다. 이 때문에 우리 학원에서는 아이들이 피아노 연습 시간을 즐겁고 유익한 시간으로 느낄 수 있도록 많은 노력을 기울이고 있습니다.

마치 의사가 환자에게 진단을 내리고 맞춤 처방을 제공하듯, 매일 아이들의 상태를 세심히 관찰하고, 그날 필요한 효과적인 연습 방법을 구체적으로 제시합니다. 이렇게 체계적으로 아이들을 지도하면 자연스럽게 실력이 향상될 수밖에 없습니다. 또한, 원주 피아노 학원 최초로 수변공원 야외 콘서트를 비롯해 원내 연주회와 콩쿠르 참가 기회를 제공하며, 모든 아이들이 다채로운 연주 경험을 할 수 있도록 지원하고 있습니다.

요즘 교육에도 유행이 있습니다. 많은 아이들이 코딩을 배우거나 줄넘기 학원을 다니며 다양한 과목을 접하고 있습니다. 이는 아이들에게 폭넓은 경험을 제공한다는 점에서 긍정적인 현상입니다. 그러나 한 가지를 꾸준히 배우며 진정으로 자신의 것으로 만드는 과정도 매우 중요합니다. 다양한 경험을 접하는 것도 좋지만, 무언가를 깊이 이해하고 깨닫는 경지에 이르기 위해서는 시간이 필요하기 때문입니다.

피아노는 특히 5, 6년 이상 꾸준히 배웠을 때 진정한 유익을 누릴 수 있는 악기입니다. 피아노를 1~2년 정도 경험 삼아 배우는 것은 이 악기의 진정한 매력을 느끼기에는 너무 아쉬운 일입니다. 소위 말하는 체르니 30번 이상의 수준과 기간에 도달해야 비로소 우리가 흔히 알고 있는 클래식 대가들의 곡을 연주할 수 있기 때문입니다. 피아노는 '기술'을 요하는 예술이기 때문에 다른 기술과 마찬가지로 오랜 시간의 훈련이 필요합니다. 이런 이유로 1년 정도 배우고 그만두거나, 고학년이 되어 레슨을 멈추는 아이들을 볼 때면 아쉬운 마음이 큽니다. 피아노는 오랜 시간 꾸준히 노력해야만 진정한 성과와 성취감을 느낄 수 있는 예술이며, 이러한 과정에서 아이들은 음악적 성장뿐 아니라 자신감과 성취감, 끈기와 인내를 배우며 더 나은 사람으로 성장할 수 있습니다.

아이들에게 음악적 체험을 허하라

피아노는 주요 과목들을 공부하는 데에도 매우 큰 도움을 줄 수 있습니다. 영어나 수학과 같은 과목에서 가장 중요한 것은 집중력인데, 피아노 학원을 몇 년간 다닌 아이들은 긴 곡을 연습하고 연주하며 자연스럽게 몰입하는 경험을 쌓게 됩니다. 여기서 중요한 것은 그 곡을 완벽하게 연주할 수 있느냐가 아니라, 한 곡에 몰입해본 경험이 있느냐입니다. 이러한 집중력은 다른 활동이나 학습에서 쉽게 배울 수 없는 능력으로, 중고등학교에 올라가 더 어려운 공부를 감당하는 데 큰 힘이 됩니다. 마치 운동에서 기술만큼이나 근력이 중요한 것처럼, 피아노를 통해 집중력을 키우는 것은 학업을 위한 기본적인 역량을 강화하는 과정이라 할 수 있습니다.

그렇다면 음악은 우리 삶에서 왜 중요한 것일까요? 물론 많은 사람들이 돈, 명예, 권력을 추구하는 삶을 살기도 합니다. 하지만 예술을 즐기고 소박한 행복을 추구하는 삶을 원하는 이들도 적지 않습니다. 어떤 사람들은 공연장에서 보내는 몇 시간을 비생산적이라 생각할지 모르지만, 음악이 주는 가치는 그 이상의 무언가를 내포하고 있습니다. 음악은 단순히 즐거움을 주는 것을 넘어, 삶의 질을 향상시키고 인간으로서의 전인적 성장을 돕습니다. 이는 모든 사람이 음악가가 되어야 한다는 뜻이 아니라, 다양한 음악적 경험을 통해 인간다운 삶을 도모하자는 것입니다.

물론 단 한 번의 음악적 경험으로 우리 삶이 갑자기 바뀌지는 않을 것입니다. 그러나 그러한 경험들이 축적되면 우리 삶 전체에 끼치는 영향은 생각보다 큽니다. 음악은 특히 창의성을 길러줍니다. 음악과 미술을 통해 심미적인 경험을 한 아이들은 상상력, 공감각적 능력, 자신감을 발달시킬 수 있습니다. 또한, 다양한 음악적 경험은 아이들에게 상상력의 발달, 계획력, 협동심을 동시에 가르칠 수 있는 교육적 도구로 작용합니다. 음악 교육 중에서도 가장 보편적이고 효과적인 방법은 악기 연주입니다. 음악을 들으며 리듬에 맞춰 몸을 움직이거나 악기를 연주하면서 자신의 감정을 표현할 수 있기 때문입니다. 음악적 리듬과 멜로디는 때로는 의사소통의 수단이 되기도 합니다. 음악은 우리의 생활 속에서 핵심이 되며, 다른 경험을 증진시키는 역할을 합니다. 심지어 지능 발달에도 영향을 미칩니다. 매주 1회씩 3년간 피아노 레슨을 받은 아이가 그렇지 않은 아이보다 언어 지능이나 수학적 지능이 더 높다는 연구 결과가 이를 뒷받침합니다.

그러므로 아이들에게 어릴 때부터 다양한 음악적 체험을 하게 도와주어야 합니다. 아이들이 자신의 건강한 감정을 표출할 수 있는 기회를 더 자주 제공해야 합니다. 연주회나 콘서트장을 방문해 자신만의 감정을 발산할 수 있는 시간을 마련하고, 때로는 바로크 시대의 음악을 들으며 스트레스를 해소하는 법을 가르치는 것도 좋습니다. 피아노를 배우는 것은 단순히 악기를 연주하는 기술을 익히는 것이 아니라, 일상 속에서 예술적 감성을 느끼고 자기 내면의 창조 욕구를 충족시키는 매우 훌륭한 방법입니다. 음악은 우리의 내면에 잠재된 창조적 감성을 깨우고, 이를 충족시키는 데 도움을 줍니다. 음악을 배우고 즐기는 사람은 누구보다도 풍요롭고 행복한 삶을 살 수 있습니다. 피아노 교육은 단순히 음악을 가르치는 것을 넘어, 아이들에게 삶의 질을 높이고 인간다운 성장을 돕는 귀중한 경험을 제공하는 길이 될 수 있습니다.

삶을 풍요롭게 만드는 예술 체험

어릴 때부터 음악을 배우고 경험한 사람은 노년의 시간조차도 풍요롭고 행복하게 보낼 수 있습니다. 피아노 교육은 단순히 악기 연주자를 양성하기 위한 것이 아닙니다. 그것은 아이들에게 예술적 감수성을 심어주고, 삶을 더 풍요롭게 만드는 힘을 길러주는 과정입니다. 예술적 감수성이 높은 CEO가 어떤 제품과 서비스를 만들어낼지를 상상해보세요. 요즘의 기업들이 가장 중요하게 여기는 것은 고객들에게 단순한 소비를 넘어 최고 수준의 체험을 제공하는 것입니다.

이때의 체험 전략은 단순히 물건을 파는 것이 아니라, 창조라는 패러다임을 이식한다는 점에서 큰 의미를 가집니다. 아이폰이나 아이패드, 테슬라 모델 Y를 사용해본 사람들은 그것이 단순한 기계 제품을 넘어, 사람들의 예술적 갈망과 창조적 욕구를 충족시키는 도구라는 것을 깨닫게 됩니다. 이러한 제품들이 성공하는 이유는 기술적인 완성도뿐 아니라, 제품을 사용하는 사람들이 그 속에서 아름다움과 창조의 기쁨을 느낄 수 있도록 설계되었기 때문입니다.

그렇다면 누가 이러한 창조적 작업을 감당할 수 있을까요? 바로 어릴 때부터 음악과 같은 예술 경험을 통해 창조적 열망에 몰입하고, 상상력과 감수성을 길러본 아이들입니다. 피아노와 같은 음악 교육은 아이들에게 단순한 기술 습득을 넘어, 창조의 기쁨을 경험하고 그것을 통해 세상을 바라보는 새로운 관점을 열어줍니다. 이런 아이들은 성장하여 어떤 분야에 있든 예술적 감수성과 창조적 사고를 발휘하며, 사람들에게 감동을 줄 수 있는 제품과 서비스를 만들어낼 수 있을 것입니다.

음악 교육은 아이들에게 창의력, 문제 해결 능력, 그리고 예술적 감각을 키워주는 가장 효과적인 도구 중 하나입니다. 이는 단순히 예술가로서의 길을 걷는 아이들에게만 필요한 것이 아니라, 미래의 리더, 창업자, 디자이너, 그리고 인간다운 가치를 창출하는 모든 이들에게 필요한 경험입니다. 피아노를 통해 음악을 배우는 과정은 아이들이 창조의 가치를 깨닫고, 이를 통해 세상을 더 아름답게 만드는 사람으로 성장할 수 있는 중요한 밑거름이 됩니다.

교육은 사업일 수 있는가

피아노 학원의 목적은 과연 예술일까요, 교육일까요, 아니면 사업일까요? 사실 그 답은 단순히 하나로 정의하기 어렵습니다. 피아노 학원의 본질은 아이들에게 기쁨, 행복, 만족을 주는 예술적인 경험을 제공하는 데 있지만, 동시에 이는 운영이 필요한 사업이기도 합니다. 이 때문에 피아노 학원은 예술과 교육, 사업 사이에서 균형을 찾는 절충점이 필요하다고 생각합니다.

다른 회사가 특정 제품을 판매할 때 우리는 교육이라는 서비스를 제공하는 셈입니다. 그러나 이 두 가지는 목표가 다릅니다. 제품은 단순히 잘 만들면 소비자에게 가치를 전달할 수 있지만, 교육은 단순히 "가르친다"를 넘어 사람의 성장과 행복에 직접적으로 관여하는 일입니다. 피아노 학원은 아이들에게 기술을 가르치는 동시에 만족과 행복을 제공해야 하며, 이 과정은 반드시 예술적이고 감성적이어야 한다고 생각합니다.

저는 피아노 학원이 예술적, 교육적, 그리고 사업적 영역이 공존하는 복합적인 장소라고 믿습니다. 이 세 가지 요소는 각각 독립적이면서도 밀접하게 연결되어 있어, 어느 한쪽도 쉽게 포기할 수 없는 영역입니다. 이 때문에 피아노 학원 운영은 더 어려운 일이 될 수밖에 없습니다. 교육과 예술은 이상적인 가치를 추구하지만, 사업은 학원을 지속 가능하게 유지하는 현실적인 기반을 제공합니다.

이러한 맥락에서 피아노 학원의 원장님들에게 가장 중요한 일은 바로 마인드를 바꾸는 것이라고 생각합니다. 몇몇 원장님들은 여전히 마케팅을 자신과는 별개의, 사업가들의 영역으로만 생각하는 경향이 있습니다. 마케팅을 단순히 돈을 더 많이 벌기 위한 활동으로만 간주하며 부정적으로 바라보는 경우도 많습니다. 그러나 마케팅은 단순히 금전적 이익을 추구하는 것이 아니라, 교육이라는 서비스를 더 많은 사람에게 전달하고, 학원의 가치를 알리는 중요한 활동입니다.

피아노 학원은 교육이라는 본질을 유지하면서도 지속 가능한 방식으로 운영되어야 합니다. 이를 위해 마케팅은 학원의 가치를 학부모와 아이들에게 제대로 전달하는 도구로 이해되어야 합니다. 교육과 예술, 사업이 조화를 이루는 학원을 운영하기 위해서는 이 세 가지 요소가 서로를 보완하고, 학원의 철학과 목표를 명확히 전달하는 역할을 해야 합니다.

결론적으로, 피아노 학원은 예술과 교육, 사업의 요소가 함께 공존하는 곳입니다. 이 복잡한 역할 속에서 성공적인 학원을 운영하기 위해서는 이 세 가지 요소를 조화롭게 결합하고, 학원의 가치를 효과적으로 전달할 수 있는 운영 방식과 마케팅 전략을 개발해야 합니다. 이를 통해 학원은 아이들에게 행복과 만족을 제공하면서도 지속 가능성을 유지할 수 있을 것입니다.

브랜딩과 마케팅의 차이

같은 사업 분야라 하더라도 마케팅과 브랜딩은 분명히 다릅니다. 마케팅이 시장에서 제품이나 서비스를 판매하는 활동을 뜻한다면, 브랜딩은 그 제품이나 서비스를 제공하는 주체를 신뢰하고 사랑하게 되는 과정을 의미합니다. 예를 들어, 학부모님과 아이들이 이플피아노와 저를 신뢰하고 사랑해주신다면, 그것이 바로 브랜딩이 이루어지는 과정입니다.

파타고니아라는 브랜드를 떠올려보세요. 이 브랜드는 아웃도어 제품을 판매하지만, 소비자들이 이 브랜드를 사랑하는 이유는 단순히 제품 때문이 아닙니다. 환경 보호에 관한 파타고니아의 고집과 철학이 사람들에게 감동을 주기 때문입니다. 즉, 소비자들은 제품이 아닌 '가치'의 영역에서 브랜드를 바라보는 것입니다. 피아노 학원 역시 마찬가지입니다. 원장님들이 아이들에게 단순히 연주 기술만을 전달하려 한다면, 학원은 하나의 서비스 제공자로만 머물게 될 것입니다. 그러나 음악을 향한 열정, 연주 과정에서 느끼는 만족과 기쁨, 그리고 자신만의 연주를 통해 누군가에게 감동을 줄 수 있는 가치를 전달한다면 학원은 그 자체로 브랜드가 될 수 있습니다.

그렇다면 피아노를 통해 아이들에게 어떤 가치를 전달할 수 있을까요? 저는 피아노 교육 과정에서 전달되는 기쁨, 보람, 행복을 학원의 드라이빙 포스(driving force)라고 부릅니다. 어떤 아이는 음악을 통해 내재된 열정을 발견하고 이를 실현하는 계기를 가질 수 있을 것입니다. 반면, 다른 아이는 음악을 통해 마음의 평화를 얻고 안정감을 찾을 수도 있습니다. 피아노를 배우며 얻을 수 있는 가치는 음악 그 자체를 넘어, 아이들의 성향과 개성에 따라 무궁무진하게 다양해질 수 있다고 믿습니다.

단순히 제품을 만들고 마케팅으로 판매하면 끝나는 일반 제품과 달리, 피아노 학원의 역할은 단순한 연주 기술을 가르치는 데 그치지 않습니다. 가치를 담는 교육이 중요합니다. 예를 들어, 한 회사의 사장이 전기 충전기를 판매하면서도 자신이 '충전기'를 만드는 것이 아니라 '행복한 연결'을 제공한다고 생각한다면 어떨까요? 그는 충전기와 무관해 보이는 활동—전기차 운전자들의 커뮤니티를 만들고, 동호회를 조직하며, 직원 복지에 신경 쓰는 일—에 집중합니다. 이 사장님은 자신의 일이 단순히 매출과 이익을 위한 것이 아니라, 전기차가 충전을 필요로 하듯 사람들에게도 행복을 충전할 필요가 있다는 믿음을 바탕으로 브랜딩을 실현하고 있는 것입니다.

마찬가지로, 피아노 학원도 단순히 아이들에게 음악 기술을 가르치는 곳으로 머물러서는 안 됩니다. 피아노를 통해 아이들이 열정을 발견하고, 감정을 표현하며, 자신의 내면의 가능성을 깨닫는 장소가 되어야 합니다. 이 과정을 통해 학원은 단순히 교육 서비스를 제공하는 곳이 아니라, 아이들에게 가치를 전달하고, 삶을 풍요롭게 만드는 공간으로 자리 잡을 수 있습니다. 진정한 브랜딩은 바로 이 지점에서 이루어집니다. 피아노 학원의 존재 이유는 곧 아이들에게 음악을 통한 행복과 영감을 제공하는 '가치의 연결자'가 되는 것입니다.

피아노 학원은 단순히 피아노 연주 기술을 가르치는 곳이 아니라, 아이들이 행복을 발견하고 자신의 감정을 표현하며, 삶을 풍요롭게 만드는 도구로 피아노를 배우는 공간으로 새롭게 정의할 수 있습니다. 이는 단순한 기술 교육을 넘어, 음악을 통해 아이들의 삶에 의미와 가치를 더해주는 교육 철학으로 나아가는 것을 의미합니다.

학원을 브랜딩한다는 것

이와 같은 관점은 전기차 충전기 회사가 단순히 충전기를 판매하는 것이 아니라, 새로운 라이프스타일을 제안하며 자신을 '행복한 연결자'로 정의한 사례와도 맥락을 같이합니다. 이렇게 자신의 일에 가치를 부여하는 것이 바로 브랜딩의 핵심입니다. 오늘날 브랜딩을 잘하는 회사들은 단순히 제품을 판매하는 데 그치지 않고, 소비자들에게 더 큰 가치를 전달하며 성공을 거두고 있습니다. 예를 들어, 애플은 단순히 스마트폰을 판매하는 회사가 아니라, 창의와 혁신이라는 가치를 중심으로 소비자들에게 새로운 경험과 철학을 제안합니다. 이러한 브랜딩이 제품을 차별화하며 높은 가격조차 정당화하게 만듭니다.

마케팅도 단순히 학원생을 늘리고 학원을 성장시키기 위한 전략으로만 생각해서는 안 됩니다. 마케팅은 아이들에게 어떤 가치를 전달할 수 있을지 고민하고, 그 가치를 학부모와 아이들에게 효과적으로 알리는 과정이어야 합니다. 따라서 피아노 학원을 운영하는 원장님들에게 가장 중요한 것은 학원의 본질적 가치를 고민하고 이를 명확히 정의하는 일입니다. 단순한 숫자적 성장을 목표로 하기보다는, 학원이 아이들과 학부모들에게 어떤 의미를 전달할 수 있을지를 깊이 생각해야 합니다.

마케팅과 브랜딩은 서로 긴밀하게 연결되어 있습니다. 브랜딩이 잘 이루어진 학원은 자연스럽게 학부모와 아이들에게 신뢰와 사랑을 받게 되며, 결과적으로 더 많은 사람들이 학원을 찾게 됩니다. 브랜딩은 단순히 학원의 외형적 이미지를 만드는 것이 아니라, 학원이 추구하는 철학과 가치를 명확히 설정하고, 이를 통해 사람들과 정서적으로 연결되는 과정을 뜻합니다.

피아노 학원의 브랜딩은 아이들에게 어떤 가치를 전달할 수 있을지 고민하는 데서 출발해야 합니다. 아이들이 피아노를 통해 무엇을 배우고, 어떤 성장을 경험하며, 어떤 행복을 느낄 수 있을지에 대한 깊은 이해가 필요합니다. 또한, 학원이 가진 철학과 방향성을 명확히 설정하고 이를 효과적으로 전달하는 일이 중요합니다. 이러한 철학이 브랜딩으로 이어질 때, 피아노 학원은 단순히 교육 서비스를 제공하는 곳을 넘어, 아이들과 학부모들에게 신뢰와 사랑을 받는 브랜드로 자리 잡을 수 있습니다.

브랜딩을 통해 피아노 학원의 본질적 가치를 드러내고, 이를 바탕으로 학원 운영의 방향성을 설정하는 것은 아이들에게 더 큰 의미를 전달하는 동시에 학원의 지속 가능성을 높이는 중요한 과정입니다.

피아노 학원과 수익성

운영에 관한 공부를 하면 할수록 피아노 학원이 결코 수익성이 높은 직업이 아님을 깨닫게 됩니다. 피아노 학원의 수익은 한계가 분명한 사업입니다. 이는 곧 사명감과 아이들을 진심으로 사랑하는 마음이 없다면 이 일을 오래 지속하기가 쉽지 않다는 뜻이기도 합니다. 많은 수익보다는 음악을 통해 아이들이 변화하고 성장하는 모습을 보며 보람을 느낄 수 있는 사람들이 이 일을 선택해야 하는 이유이기도 합니다.

요즘 학원을 시작하는 원장님들 중에는 석사 학위는 기본이고, 해외 유학 경험을 가진 분들도 적지 않습니다. 몇십 년간 양질의 피아노 교육을 위해 투자하고 공부하며 전문성을 쌓아온 뛰어난 능력의 소유자들입니다. 이러한 이유로 지금의 아이들은 어느 때보다 좋은 음악 교육을 받을 수 있는 최상의 환경 속에 있다고 생각합니다.

피아노 교육은 단순히 악기 연주 기술을 배우는 것을 넘어섭니다. 감성을 키워주고, 정서를 안정화시키며, 집중력, 끈기, 자신감, 자존감 등 삶에 필요한 자양분을 길러주는 교육입니다.

한 명의 아이라도 더 많은 아이들이 이러한 피아노 교육을 경험할 수 있기를 바랍니다. 그리고 이는 아이들에게만 국한된 것이 아닙니다. 성인들에게도 피아노는 큰 가치를 제공합니다. 피아노를 치는 순간만큼은 직장과 업무에서 벗어나 자신에게 온전히 집중할 수 있는 소중한 시간이 되기 때문입니다. 어떤 분은 "레슨 시간이 일주일 중 가장 기다려지는 빛과 소금 같은 시간"이라고 말씀하시기도 합니다.

내 평생의 취미를 갖는다는 것, 그리고 온전히 나 자신에게 집중할 수 있는 시간을 만든다는 것은 인생에서 매우 값지고 의미 있는 경험입니다. 요즘은 일반인을 위한 연주회와 무대 경험의 기회도 많아졌고, 성인을 위한 교재와 커리큘럼도 다양하게 마련되어 있습니다. 피아노를 배우기 시작하기만 한다면, 음악과 함께하는 삶의 기쁨과 놀라운 변화를 느낄 수 있을 것입니다.

음악은 삶의 질을 높이고, 일상에 행복과 활력을 더해주는 특별한 활동입니다. 아이들과 성인 모두가 피아노를 통해 성장하고, 자신만의 소중한 시간을 가지며, 음악과 함께하는 삶의 놀라운 변화를 경험하시길 진심으로 바랍니다.

5장. 학원 운영의 노하우

치열한 교육시장에서 살아남는 법
올곧게 진심을 다하는 법
피아노 학원을 선택하는 기준

치열한 교육시장에서 살아남는 법

열심히 하고 있는데, 왜 안 되는지 이유를 알 수 없는 원장님들이 많습니다. 앞으로의 학원 방향성에 대해 고민하는 원장님들은 더 많습니다. 개원을 앞두고 많은 두려움을 가지고 계신 예비 원장님들도 있을 것입니다. 저 역시 다른 원장님들과 같은 어려운 시간을 정말 오래도록 겪어왔습니다. 피아노 학원은 이미 과포화 상태입니다. 출산율은 매년 최저 기록을 경신하고 있습니다. 클래식 시장은 원래도 작았지만 점점 더 축소되고 있습니다. 이런 상황에서 앞으로 살아남는 피아노 학원이 되려면 어떻게 해야 할까요?

저는 현재 강원도 원주시에서 음악학원을 운영하고 있습니다. 대학 졸업 후 바로 학원 업계에 뛰어들었습니다. 하지만 개원 당시 교육자로서, 사업자로서의 준비가 전혀 되어 있지 않았습니다. 처음 인수했을 때 열댓 명 정도 되는 아이들을 만나게 되었습니다. 그리고 개원 후 약 30명 정도의 인원으로 학원을 꾸려나가기 시작했습니다.

15명 원생이 100명이 되다

저는 학원을 오픈하면 아이들이 몰려올 것이라고 생각했습니다. 하지만 현실은 그렇지 않았습니다. 어렵게 버티고 버티다 이제 조금 자리를 잡나 싶었을 때, 덜컥 코로나가 찾아왔습니다. 몇 달 동안 마이너스 수입이 계속되었습니다. 어떠한 의지도, 열정도 생기지 않는 암흑 같은 시기를 보냈습니다. 그러면서 스스로에게 끊임없이 물었습니다. "누구보다 열심히 공부하고, 진심으로 노력해왔는데 도대체 뭐가 문제일까? 그만두고 다른 업종을 찾아봐야 할까?" 그렇게 몇 년간 수많은 고민과 좌절을 반복하고 또 반복했습니다.

그리고 2023년 하반기, 우리 학원의 원생 수는 처음으로 100명에 도달했습니다. 학원 근방에만 피아노 학원, 개인 레슨, 교습소가 10곳은 족히 넘습니다. 신도시도 아닌데 사방이 온통 피아노 학원입니다. 그런데도 우리 학원은 저학년과 고학년이 50:50 비율로 균형 있게 운영되고 있습니다. 심지어 현직 원장님들과 강사님들이 교육을 받으러 일부러 우리 학원을 찾아오시기도 합니다. 키즈반뿐 아니라 성인 클래스와 입시 클래스까지 탄탄히 자리 잡았습니다.

    이런 결과를 만들어내기까지 무려 6년이라는 시간이 걸렸습니다. 처음부터 잘된 것이 아니기 때문에 이 경험이 더욱 소중하다고 생각합니다. 이는 무엇보다도 왜 안 되는지에 대한 '원인 분석'을 철저히 하고, 다양한 방면에서 엄청난 시간과 노력을 투자하며 끊임없이 공부했기 때문에 가능했습니다.

학원 운영시 꼭 필요한 능력들

    저는 피아노를 가르치는 레스너이자 음악학원 운영자로서의 삶이 제 천직이라고 믿는 사람입니다. 레슨이 많아 몸이 지칠 때도 마음만은 행복합니다. 학원이 망한다면 제가 사랑하는 이 일을 지속할 수 없기에, 오래도록 이 일을 하고 싶다는 간절함과 절실함이 포기하지 않고 끝까지 버틸 수 있는 힘이 되어주었습니다.

학원 운영은 단순히 대학에서 2~4년간의 전공 지식을 바탕으로 "피아노 학원이나 한번 해볼까?"라는 가벼운 마음으로 시작해서는 안 되는 일입니다. 대학원 석·박사 학위, 유학파 출신 등 실력 있는 원장님들이 점점 많아지는 추세입니다. 따라서 기본적인 실력과 더불어 나만의 티칭 스킬은 필수이며, 무엇보다도 진정으로 아이들을 생각하는 교육자로서의 마인드가 필요합니다. 또한, 아이들, 학부모, 강사 등 다양한 사람들과 관계를 잘 맺고 유지할 수 있는 능력도 중요합니다. 상담 시 사람들을 끌어당기는 대화법과 말하기 스킬 역시 필수적입니다.

교육 트렌드를 꾸준히 주시하고 이에 발맞추어 가는 것도 중요합니다. 이를 위해 지속적인 관심과 공부는 선택이 아니라 필수입니다. 학원 운영자는 또한 사업가적 마인드를 갖추어야 합니다. 자신의 학원을 브랜딩하고, 블로그나 인스타그램 같은 SNS를 활용한 온라인 홍보를 효과적으로 할 수 있는 글쓰기 능력도 길러야 합니다.

운영 중에는 어떠한 고비와 위기가 찾아오더라도 이겨낼 수 있는 멘탈 관리가 필수적입니다. 학원 입지와 상가 선택, 부동산 지식, 세금 관련 지식도 학원 운영의 현실적인 기반을 마련하기 위해 반드시 갖춰야 할 역량입니다. 그리고 무엇보다도 이 일에 대한 진심 어린 자부심과 애정이 있어야 합니다.

만약 이러한 준비가 없다면, 정말로 입지가 좋은 상권이 아니고서는 순수익 200만 원도 가져가기 힘든 것이 현실입니다. 학원 운영자는 자신이 원하는 학원 시스템과 레슨 방식을 명확히 이해하고, 이를 실현할 수 있는 장소와 환경을 찾아야 합니다. 선생님마다 잘하는 것과 원하는 레슨 방식이 모두 다르기 때문에, 자신이 어떤 레슨을 하고 싶은지에 따라 학원의 입지를 결정하는 것이 매우 중요합니다.

홍보와 마케팅, 그리고 브랜딩

'홍보를 꼭 해야 하나요? 그게 아이들이 들어오지 않는 이유는 아니던데요.'라고 말하는 분들을 자주 만납니다. 신입 원생이 들어오지 않아 걱정하면서도, 이렇게 말씀하시는 선생님들이 아직도 많습니다. 하지만 마케팅이란 잠재 고객을 내가 원하는 방향으로 설득하는 과정에서 이루어지는 모든 활동을 의미합니다. 즉, 학원의 가치를 끊임없이 알리고 설명하는 것이 마케팅의 핵심입니다. 학원 운영이 어려웠던 당시, 제가 가장 간과했던 부분이 바로 이것이었습니다. '왜 열심히 레슨하고 공부하는데 안 될까?'라는 질문에 답은 간단했습니다. 레슨을 잘하는 능력과 운영을 잘하는 능력은 별개라는 사실을 깨닫는 것이 중요했습니다. 아무리 노력하고 열정을 쏟아부어도, 이를 애써 알리지 않으면 아무도 알아주지 않기 때문입니다.

"피아노 전공 원장님 1:1 체계적인 레슨", "기초부터 재밌게 배우는 피아노", "키즈반/성인반/입시반"
혹시 이런 정도의 글을 작성해놓고 홍보를 하고 있다고 생각하시나요? 단순히 이런 문구만으로는 학원에 대한 정보를 제대로 전달하지 못합니다. 우리 학원에 다녀야만 하는 이유를 꾸준히 어필해야 합니다. 학원을 알릴 수 있는 모든 방법을 동원해야 합니다.

우리는 저녁 식사를 위해 맛집을 찾거나, 잠시 머무를 카페를 알아보기 위해서도 열심히 검색을 합니다. 그렇다면 소중한 자녀를 교육시킬 학원을 선택할 때, 아무 정보도 없는 학원과 학원의 유익한 정보가 상세히 설명된 학원이 있다면, 학부모 입장에서 어디를 선택하게 될까요? 학원이 과포화 상태인 지금, 학부모들은 신중히 선택할 수밖에 없습니다.

또한, 홍보는 단기간에 효과가 나타나지 않습니다. 학원을 운영하는 내내, 학원을 그만둘 때까지 한다는 마음으로 꾸준히 홍보를 이어가는 것만이 답입니다.

하지만 신입생 모집보다 더 중요한 것은 재원생 관리입니다. 신입생 모집에만 집중하다 보면, 오랜 시간 학원을 믿고 맡겨주신 학부모님들에게 소홀해질 수 있습니다. 항상 감사함을 표현해야 합니다. 고객 한 명당 최소 30명에서 최대 200명 이상의 잠재고객이 있다는 말처럼, 재원생과의 관계는 학원의 신뢰와 명성을 확장시키는 중요한 연결고리입니다.

꾸준히 교육적인 내용을 소통하고, 학부모님들에게 진심을 전한다면 신입 원생은 시간이 지나면서 자연스럽게 찾아오게 됩니다. 학원의 가치를 알리는 노력과 함께, 현재 학원을 믿고 다니는 재원생들에게도 정성을 다하는 것이 성공적인 학원 운영의 핵심이라고 할 수 있습니다.

함께 풀어야 할 영원한 숙제

대학 시절, 약 10곳의 학원에서 파트 강사로 일하며 하나의 의문을 가지게 되었습니다. 스무 살 남짓의 초보 강사였음에도 불구하고, 그 어디에서도 레슨에 관한 교육을 받은 적이 없다는 점입니다. 원장님의 교육 철학을 알 기회도 없었습니다. 하지만 아이들을 원장님만큼이나 가까이, 그리고 직접적으로 마주하는 이는 바로 선생님들입니다. 그렇다면 우리 학원에서 근무하는 선생님들은 어떤 것을 배우고, 어떤 철학을 가져갈 수 있을까요? 그리고 그들이 자신들의 교육 철학을 가지고 있는지 고민해봐야 합니다.

'배울 게 많은 원장님'으로 인식된다면, 강사들이 먼저 배우고 싶어서 찾아오게 될 것입니다. 이것이 바로 우리 원장들이 티칭도, 운영도 만능인이 되어야 하는 이유입니다.

최근 대학 교수님들과 현직 원장님들과의 자리에서 논의된 중요한 주제를 공유하고 싶습니다. 클래식 음악계와 음악 교육이 지속 가능하려면, 현재 피아노 학원에 다니는 아이들, 즉 뿌리부터 인식 개선이 필요하다는 점이었습니다. 많은 학부모들이 달라진 음악 교육의 중요성을 아직 충분히 이해하지 못하고 있습니다. 물론 인식이 점점 바뀌어 음악 교육의 가치를 깨닫는 분들도 있지만, 여전히 형편이 어려울 때 가장 먼저 끊게 되는 것이 예체능 학원이라는 현실이 존재합니다. 학부모들은 1만 원이라도 더 저렴한 학원을 찾곤 합니다. 그러나 음악 교육의 본질은 단순히 악기를 배우는 것을 넘어, 진정으로 음악을 즐길 줄 아는 아이를 길러내고, 그 결과 행복하고 풍요로운 삶을 살아가게 돕는 것입니다.

아이들에게 고품질의 음악 교육을 제공하기 위해 노력하시는 선생님들이 전국에 매우 많습니다. 하지만 요즘 PT나 필라테스 레슨은 시간당 7~8만 원, 주요 과목은 월 25만 원 이상을 받는 반면, 대학부터 석박사까지 수십 년 동안 이 한 분야를 연구한 전문가들이 1:1로 레슨하는 피아노 학원은 그보다 훨씬 낮은 교육비를 받고 있는 현실입니다. 이러한 현실은 우리가 우리 업의 가치를 지키는 일에 더욱 노력해야 한다는 점을 깨닫게 합니다.

음악 교육이 평가절하된 부분이 있다면, 교육자로서의 사명감을 가지고 사람들의 인식을 바꿔나가야 한다고 생각합니다. 예를 들어, 마트에서 판촉 일을 하시는 분의 이야기를 들은 적이 있습니다. 이 일은 젊은 세대에게 가장 기피되는 직업 중 하나로 여겨지지만, 비슷한 수입으로 다른 일을 선택할 수 있다는 점 때문일 것입니다. 마찬가지로, 음악 교육에 대한 인식을 바꾸고, 학부모들에게 음악 교육의 가치를 알리는 작업은 우리가 함께 해나가야 할 과제입니다.

음악 학원의 고질적인 문제를 해결하려면, 교육자로서의 사명감을 바탕으로 학부모와 사회에 음악 교육의 중요성을 꾸준히 전달해야 합니다. 아이들을 가르치는 일은 단순한 직업을 넘어, 그들의 미래와 행복에 책임을 지는 중요한 일입니다. 따라서 음악 학원을 운영하는 모든 분들이 더 큰 책임감과 자부심을 가지고 이 일을 지속하길 바랍니다. 음악 교육을 통해 아이들과 학부모들에게 진정한 가치를 전달할 수 있다면, 음악 학원의 미래도 더 밝아질 것입니다.

올곧게 진심을 다하는 법

불과 몇 년 전만 해도 제게 이런 기회가 찾아올 거라고는 감히 상상조차 하지 못했습니다. 아이들을 열심히 가르치면 언젠가는 반드시 그 노력이 빛을 발할 거라고 다른 선생님들께 말한 적이 있습니다. 그러나 요즘 세상을 보면, 정말 그렇게 될 수 있을지 살짝 의심이 들었던 것도 사실입니다. 그래도 매일 열심히 노력한다면, 아이들 역시 그런 제 모습을 보고 희망을 품지 않을까 하는 마음으로 오늘도 최선을 다하고 있습니다.

물론 제게 주어지는 모든 기회를 완벽히 해낼 거라고는 확신할 수 없습니다. 사실 저는 겉보기에는 강해 보이지만, 생각보다 멘탈이 쉽게 무너지는 사람입니다. 게다가 세상은 절대 그렇게 호락호락하지 않다는 것을 누구보다 잘 알고 있습니다. 그럼에도 불구하고, 저는 아직도 하고 싶은 일이 참 많습니다. 원하는 목표를 향해가는 과정에서 수없이 지치고, 무너지기도 하는 제 모습이 눈에 선합니다. 하지만 그 과정 속에서도 올곧게 중심을 지켜나가려는 노력을 멈추지 않을 것이라는 확신이 있습니다.

저는 사람들과의 인연을 무엇보다 소중히 여길 것입니다. 나와 함께 하는 사람들에게 진심을 다할 것이라는 확신도 있습니다. 그리고 현재 함께 하고 있는 우리 아이들에게 진심으로 고맙습니다. 지금의 이플 피아노를 유지할 수 있도록 믿음과 사랑으로 지지해 주신 학부모님들께 평생 감사하는 마음을 간직하며 살아갈 것입니다.

이플의 마지막이 언제가 될지는 모르겠습니다. 하지만 그 마지막 순간까지 초심을 잃지 않고 온 마음을 다할 것을 약속합니다. 이 모든 과정이 저와 함께한 모든 사람들에게도 의미 있는 시간이었기를 바랍니다.

마케팅과 브랜딩을 배워야 하는 이유

어떤 학원 원장님들은 "나는 그렇게까지 많은 수익을 원하지 않는다, 그냥 적당히만 되었으면 좋겠다"라고 말씀하십니다.

그러나 우리가 하는 일이 아이들에게 가치를 전달하는 일이라고 생각한다면, 고민의 종류가 달라질 수 있습니다. 학원이 제공할 수 있는 차별화된 가치를 연구하고, 이를 효과적으로 전달하기 위한 방법을 고민해야 하기 때문입니다.

우리 학원의 가치를 어떻게 텍스트와 비주얼로 보여줄지에 대한 고민이 필요합니다. 학원에서 보내는 안내장, 학원의 가치를 담은 슬로건과 카피는 모두 이러한 노력의 결과물입니다. 또한, 로고, 간판, 인테리어와 같은 비주얼 요소도 학원의 정체성을 표현하는 중요한 부분입니다. 그 중심에는 우리 학원이 전달하고자 하는 핵심 가치가 분명히 자리 잡고 있어야 합니다.

피아노 학원의 원장들은 아이들에게 음악을 가르치는 교육자일 뿐만 아니라, 매출을 일으켜 학원을 운영하는 교육사업가입니다. 동시에, 아이들에게 음악을 통한 행복감을 전달하는 가치 전달자이기도 합니다. 이러한 이유로 우리는 마케팅과 브랜딩을 공부해야 합니다. 하지만 여전히 이런 사업적 공부의 필요성을 느끼지 못하거나, 그 중요성을 간과하는 분들이 많은 것 같습니다.

그러나 내 곳간이 비었는데 어떻게 행복이나 열정 같은 가치를 이야기할 수 있을까요? 하다못해 골프를 가르치는 프로 선생님들도 영업을 해야 자신의 일을 지속할 수 있습니다. 저는 이것이 당연하다고 생각합니다. 왜냐하면 많은 일들이 예술이기도 하고, 교육이기도 하며, 동시에 사업이기도 하기 때문입니다.

피아노 학원의 운영도 예외가 아닙니다. 우리는 아이들에게 음악을 통한 기쁨과 성취감을 전달하는 교육자이면서도, 학원의 지속 가능성을 위해 사업적 역량을 갖춘 운영자가 되어야 합니다. 이것이 바로 교육, 예술, 사업이 조화를 이루는 피아노 학원의 진정한 역할이자 가치라고 믿습니다.

즐거움과 성취감을 배우는 콩쿨

콩쿨은 음악 학원에서 빼놓을 수 없는 중요한 이벤트입니다. 콩쿨을 준비하는 과정을 한마디로 표현하자면, 한 땀 한 땀 정성을 들여 작품을 만들어내는 장인의 모습과도 같습니다. 아이들이 첫걸음마를 떼듯 한 마디 한 마디를 시작해 한 곡을 완성하는 과정은 결코 행복하기만 한 일이 아닙니다. 한 줄을 수십 번씩 반복하고, 어려운 부분을 치고 또 치는 작업을 수백, 수천 번 반복해야 비로소 멋진 결과를 만들어낼 수 있습니다. 문제는 이 고된 과정을 겪어야 하는 이들이 어린아이들이라는 사실입니다.

아무리 재미있게 가르치려 해도, 아이들은 결국 자기 자신과의 싸움을 해야 하는 순간을 마주하게 됩니다. 이 과정에서 아이들이 지치거나 괴로워하지 않도록 옆에서 복돋아주고 응원하는 역할은 온전히 선생님의 몫입니다. 저는 콩쿨의 결과에 집착하는 것을 지양합니다. 결과보다는 과정을 즐기고, 그 안에서 많은 것을 배우고 성장하는 데 초점을 맞추고 싶습니다. 아이들이 콩쿨을 통해 실력뿐만 아니라 인내심, 끈기, 집중력을 기르고, 만족스러운 무대를 마친 후 스스로를 자랑스러워하며 자존감을 높이는 경험을 하기를 바랍니다. 이러한 선순환 구조가 아이들에게 더 큰 성장을 안겨줄 것이라고 믿습니다.

매년 콩쿨을 준비하면서도, 특히 이번 2024년 하반기 콩쿨을 마치고는 많은 생각과 감정이 교차했습니다. 결과에 울고 웃는 선생님이 되고 싶지는 않지만, 아이들이 자신의 기량을 다 발휘하지 못했거나 예상보다 아쉬운 결과가 나올 때면 속상한 마음이 드는 것은 여전히 어쩔 수 없습니다. 수년간 콩쿨 지도를 해왔지만, 이런 속상함은 줄어들지 않습니다. 아이들이 더 잘할 수 있었을 텐데, 그 가능성을 다 보여주지 못했다고 느낄 때면 아쉽기도 하고, 다음에는 더 나은 결과를 만들어주고 싶다는 욕심과 압박을 느낍니다. 그러나 그 욕심은 결국 제 욕심이라는 것을 잘 알고 있습니다.

저는 항상 결과보다는 과정을 중시하고, 아이들이 즐겁게 배우고 성취감을 느끼는 데 초점을 맞추는 교육 철학을 가지고 있습니다. 콩쿨이 아이들에게 스트레스나 부담이 되길 원치 않기에 지금껏 저녁 레슨이나 주말 레슨 없이 진행해왔습니다. 또한, "20번 쳐라, 30번 쳐라" 같은 강요를 한 적도 없습니다. 콩쿨은 아이들에게 늘 하고 싶고 기다려지는 즐거운 이벤트가 되길 바랐습니다. 콩쿨의 목표는 성장을 위한 작은 성취를 느끼게 하는 수단이지, 콩쿨 그 자체가 목적이 되어서는 안 된다고 생각합니다.

그럼에도 이번에 처음으로 연주 결과에 아쉬워하는 아이들을 보며 스스로에게 의문이 들었습니다. "결국 아이들이 가장 행복함을 느끼는 건 좋은 결과를 얻을 때일까?" 물론 자기 역량과 운이 따라줘야 하는 부분도 있겠지만, 내가 너무 콩쿨을 '즐겁게' 하려는 방향으로만 지도했던 것은 아닐까? 여타의 학원들처럼 더 밀어붙였더라면 결과가 달라졌을까? 이런 생각들이 제 마음을 흔들었습니다. 그동안 지켜온 중심이 흔들린 순간이었습니다.

돌이켜보니, 저는 언제나 정직하게 성장해왔습니다. 피아노든 공부든 일이든 항상 딱 "더도 말고 덜도 말고" 한 걸음씩 나아갔습니다. 옆에서 더 쉽게 좋은 결과를 내는 것처럼 보이는 이들을 보며 답답함과 자책을 느낀 적도 많습니다. 하지만 저는 꾸준히, 무식할 정도로 반복하고 노력했습니다. 아쉬워하고, 슬퍼하고, 마음을 달래면서도 다시 도전하는 무한 반복의 과정 속에서 어느새 목표에 가까워지고 있음을 깨닫게 되었습니다. 이러한 경험은 비록 더디더라도, 정직한 노력이 결국 결실을 맺는다는 사실을 다시 한번 확인하게 해주었습니다.

콩쿨을 통해 배운 몇 가지 것들

전교 100등권에서 80등, 60등, 40등, 20등으로 올라가고, C등급에서 B등급, B+를 거쳐 A와 A+로, 10명에서 시작해 30~40명, 50~60명, 70~80명, 그리고 100명대의 원생을 이루기까지, 초보 강사에서 초보 원장으로, 그 후 어느새 8년 차 원장, 컨설턴트, 온라인 교육, 책 출간까지 크고 작은 도전을 이어왔습니다. 저는 천재도 아니고 머리가 뛰어난 사람도 아닙니다. 그저 꾸준히 하는 것밖에 몰랐고, 평범한 사람이니 노력이라도 해야 한다는 생각으로 "노력해도 될까 말까인데 죽어라 해야지"라는 마음으로 해왔습니다. 그땐 몰랐습니다. 꾸준함도 하나의 재능이라는 것을요. 이제 와서야 그 사실을 깨닫습니다.

이제 다시 본질로 돌아가 생각합니다. 내가 왜 아이들을 가르치는지, 어떤 교육을 하고 싶은지 고민합니다. 저는 아이들이 피아노를 온전히 즐기고, 평생의 취미로 삼아 기쁨을 누리기를 바랍니다. 피아노가 힘들 때 위로가 되고, 가장 친한 친구 같은 존재가 되었으면 좋겠습니다. 또한 배우는 과정 속에서 스스로 성장하고 있음을 느끼며 작은 성취를 차곡차곡 쌓아가길 바랍니다. 이를 위해, 콩쿨이 그 자체로 목적이 되어서는 안 된다는 것을 다시 한번 되새깁니다.

노력하며 느끼고 배우는 귀중한 시간이 아니라, 결과의 좋고 나쁨에 모든 것이 좌우된다면 아이들은 과정보다 결과에 집착하게 됩니다. 그러다 보면 진정으로 피아노를 즐기는 마음과 멀어질 수밖에 없습니다. 결과가 좋지 않을 때는 자신을 자책하게 되고, 자신감이 낮아지는 역효과가 나타날 수도 있습니다. 그래서 저는 콩쿨을 절대로 그런 방향으로 이끌고 싶지 않습니다. 이번 콩쿨이 너무 의미 있었던 이유도 바로 여기에 있습니다.

이번 콩쿨을 통해 살짝 흔들렸던 저의 중심을 다시 잡을 수 있었고, 부족한 점들을 체크하며 반성할 기회를 가졌습니다. 또한 다른 원장님들과 선생님들 역시 최선을 다하고 있다는 것을 느끼며 자극을 받고, 함께 배울 수 있었습니다.

올해 특히 아이들의 전체적인 수준이 높아졌다고 느꼈습니다. 95% 이상이 이미 아는 곡이었지만, "이 곡은 도대체 뭐지?" 싶은 생소한 곡들도 있었고, "이 아이는 전공생인가?" 싶을 만큼 뛰어난 아이들도 많았습니다. 선생님들이 곡 연구에 얼마나 신경 쓰는지 느낄 수 있었습니다. 콩쿨을 지도하는 입장에서는 이런 변화가 다소 벅차고 부담스러울 수 있지만, 피아노 교육의 관점에서는 매우 긍정적인 현상이라고 생각합니다.

특히 5, 6학년부터 중고등부 아이들의 수가 크게 늘었다는 점이 고무적입니다. 그 아이들이 뉴에이지를 연주하든, 전공을 준비하든, 실력의 수준은 중요하지 않습니다. 중요한 것은 그들이 피아노를 통해 무엇을 느끼고 배우는지, 음악을 통해 삶의 풍요로움을 경험하는지입니다. 그리고 이 모든 과정이 아이들에게 의미 있는 시간이 될 수 있도록, 저는 앞으로도 꾸준히 노력할 것입니다.

피아노 교육의 가치를 입증하다

피아노를 오래도록 꾸준히 즐기고 연주력도 뛰어난 아이들이 많다는 것은 그만큼 훌륭한 선생님들이 많다는 것을 의미합니다. 학부모님들도 아이들의 음악 교육에 깊은 뜻을 가지고, 오랜 시간 투자하고 계신다는 점에서, 예전보다 음악 교육의 가치가 더 많이 입증되었다고 생각합니다. 이는 피아노 업계가 앞으로도 충분히 더 발전할 수 있다는 희망을 보여줍니다. 그래서 각자의 자리에서 열심히 아이들을 지도하고 계시는 모든 피아노 선생님들을 진심으로 존경하고 응원하게 됩니다.

이번 콩쿨이 무엇보다 의미 있었던 이유는 한 단계 성장한 아이들이 많았기 때문입니다. 한 번에 드라마틱하게 실력이 쑥 올라가는 것보다, 밑에서부터 차근차근 쌓아가며 꾸준히 성장하는 것이 가장 이상적이라고 생각합니다. 그렇게 성장해야 정상에 도달했을 때 진정한 성취감을 만끽할 수 있고, 그 성취감을 느껴본 아이는 인생에서 힘든 순간을 마주했을 때 그것을 버텨낼 수 있는 엄청난 힘을 얻게 됩니다.

  아이들의 놀라운 변화와 성장은 항상 감동을 안겨줍니다. 그 아이들에게 온 마음을 담아 고맙다고, 정말 수고했다고 말해주고 싶습니다. 아이들이 이렇게 성장할 수 있도록 돕는 따뜻하고 멋지고 든든한, 더욱 좋은 선생님이 되어야겠다고 다시 한번 다짐하게 됩니다.

피아노 학원을 선택하는 기준

　사람들은 누구나 다양한 스트레스를 겪으며 살아갑니다. 최근 어떤 코미디언이 도박으로 인해 수십억 원의 빚을 졌다는 뉴스를 들은 적이 있습니다. 이처럼 스트레스를 해소하려는 방법 중에는 꼭 긍정적이거나 건강한 방법만 있는 것은 아닙니다. 그런데 만약 이분이 피아노 연주를 배워 힘들 때마다 의지할 수 있었다면 어땠을까요? 자신의 불안과 스트레스를 더 건강한 방식으로 해소할 수 있지 않았을까요? 그러나 여전히 많은 분들이 피아노를 보습처럼 생각하거나, 입시에 직접적인 도움이 되지 않는다는 이유로 부가적인 교육으로 간주하는 경우가 많습니다. 저는 그런 분들에게 진짜 피아노 교육이란 무엇인지 꼭 말해 주고 싶습니다.

선택받는 학원의 조건

세상에는 피아노 학원이 참 많습니다. 그래서 학부모님들은 자신만의 기준으로 학원을 선택하곤 합니다. 이때 가장 중요한 것은 피아노를 가르치는 선생님들의 음악과 교육을 대하는 생각과 태도라고 생각합니다. 물론 학원을 단순히 생계나 영리의 목적으로 운영하시는 분들도 있을 수 있습니다. 하지만 저를 포함한 많은 선생님들께서는 아이들을 더 잘 가르치고 싶다는 열정과 욕심을 가지고 있다고 믿습니다. 피아노 교육은 단순한 악기 연주를 넘어 아이들에게 감정과 스트레스를 건강하게 표현할 수 있는 도구를 제공하고, 삶을 더 풍요롭고 행복하게 만드는 데 기여합니다. 이 점을 더 많은 분들께 알리고 싶습니다.

어느 고깃집 대표님의 이야기를 들은 적이 있습니다. 지금은 4개의 직영점을 운영하며 매출 100억 원 이상의 브랜드를 만드신 대단한 분입니다. 이분이 하신 말씀이 인상 깊었습니다. 어떤 집이든 방문한 지 몇 분 안에 그 식당이 잘되고 있는지, 아니면 어려운 상황인지 알 수 있다는 것이었습니다. 이유를 묻자, 직원들의 표정이나 말투, 사장님의 손님을 대하는 태도, 식당 내

부의 청결 상태 등 오감으로 느껴지는 분위기가 그 식당의 상황을 보여준다고 하시더군요. 저는 이 이야기가 피아노 학원에도 똑같이 적용된다고 생각합니다. 부모님들이 피아노 학원을 처음 방문했을 때 느끼는 첫인상과 학원의 이미지는 학원마다 다를 수밖에 없습니다.

선택받는 학원의 또 다른 특징 중 하나는 지인 추천입니다. 학부모님들은 자신의 가치관이나 성향이 비슷한 사람의 추천을 가장 신뢰합니다. 특히 이사를 자주 다니는 분들은 새로운 지역에서 학원을 선택할 때 지인의 추천에 크게 의존합니다. 그 지역에서 오랫동안 아이들을 교육해온 부모님들의 정보력은 따라가기 힘들다고 느끼기 때문입니다. 자신이 신뢰하는 분이 추천하는 학원이라면 자연스럽게 믿음이 생길 수밖에 없습니다.

어느 날 한 아버님이 아이를 데리고 우리 학원을 찾아오신 적이 있었습니다. 하지만 결국 등록하지 않으셨습니다. 나중에 이유를 여쭤보니, 처음 학원을 방문했을 때 아이가 조금 주눅이 들었다고 하셨습니다. 학원의 분위기가 너무 전문적으로 보여서 아이가 자신감을 잃고 움츠러들었다는 것이었습니다. 그래서 집과 가까운 다른 학원으로 등록하셨다고 하셨습니다. 그러나 이후 그 학원에서 문제가 생겼습니다. 선생님의 감정 기복이 너무 크다 보니 아이가 매일 눈치를 보게 되었다는 것입니다. 어느 날은 아이가 "엄마, 선생님이 오늘 기분이 안 좋으신 것 같아"라고 말하기까지 했다고 합니다. 한 번은 아이가 선생님께 선물을 드렸는데, 선생님이 아무런 반응을 보이지 않아 아이가 상처받은 채로 돌아온 적도 있었다고 합니다. 결국, 이 아이의 부모님은 다시 우리 학원을 찾으셨습니다.

사랑받는 학원은 무엇이 다를까

처음에는 주눅 들어 보이던 아이가 학원에 다닌 지 얼마 지나지 않아 곧 적응하더니, 지금까지도 수년째 학원을 다니며 인연을 이어가고 있습니다. 어떤 아이들은 생각이 없어 보일 때도 있지만, 대부분의 아이들은 그렇지 않습니다. 아이들도 어른들 못지않게 고민도 많고, 생각도 많으며, 감정도 섬세하고 다양합니다. 주변 상황을 모두 인지하고 느끼지만, 반응하는 방법이 다를 뿐입니다.

그래서 선생님의 역할이 무엇보다 중요하다고 생각합니다. 아이들의 미묘한 감정과 반응을 읽고, 그들이 학원에서 안정감을 느낄 수 있도록 도와주는 것은 단순히 레슨 기술을 넘어서는 교육자로서의 사명감이 필요합니다. 아이들이 학원에서 즐겁고 안정적으로 배우며 성장할 수 있도록 하는 것은 우리 선생님들이 지녀야 할 가장 중요한 역할입니다. 많은 학부모님께서 피아노 교육이 예전과 많이 달라졌다는 점을 잘 모르고 아이들을 학원에 보내십니다. 우리 학원은 아이들이 피아노를 통해 마음과 감정을 어떻게 표현하고 실어낼 수 있는지를 가르치고 있습니다. 저는 피아노 레슨뿐 아니라 학원 운영법도 함께 고민하며 다른 피아노 원장님들을 가르치는 일도 하고 있습니다.

감사하게도 우리 학원에는 오랜 기간 아이를 보내시는 학부모님들이 많습니다. 이들에게 우리 학원은 단순한 피아노 학원이 아닙니다. 아이마다 어떤 점이 다른지, 무엇을 더 돌봐야 하는지, 육아에 대한 정보까지 함께 고민하고 나누는 공간입니다. 다만 학원의 규모가 커지면서, 열정만으로는 해결되지 않는 부분들이 생기는 것도 사실입니다. 아이들을 하나하나 세심히 돌볼 수 있을지에 대해 학부모님들이 불안해하시는 마음도 충분히 이해합니다. 하지만 저는 피아노를 가르치며 아이들의 성격과 성향을 깊이 이해하는 데 많은 노력을 기울이고 있습니다. 또한, 이러한 맞춤형 교육이 얼마나 효과가 있는지 날마다 실감하고 있습니다.

제가 간절히 바라는 것은 각각의 아이에게 적합한 교육법을 제공할 수 있다는 자신감과 자부심을 가지고 일하는 것입니다. 저는 무대에서 연주한다는 것이 아이들에게 매우 특별한 경험이라고 생각합니다. 이 특별한 경험을 최대한 많이 제공해 주고 싶습니다. 사실, 저도 초등학교 시절 개인 레슨을 받았었지만, 무서운 선생님 때문에 그렇게 좋아하던 피아노를 싫어하게 되었고 결국 그만두었습니다. 이후 고등학교 2학년 때 다시 전공을 결심하며 피아노를 시작했지만, 학원이 아닌 개인 레슨을 받았기에 콩쿨이나 연주 경험이 부족했습니다. 입시 준비로 바쁜 시간 속에서 단 한 번의 무대 경험만을 가질 수 있었던 것이 아쉬움으로 남아 있습니다.

대학교에 들어가 동기들의 집에 놀러 갔을 때, 피아노 위에 가득 놓인 콩쿨 트로피와 예쁜 드레스를 입고 연주하던 시절의 사진들을 보며 부러움을 감출 수 없었습니다. 그때의 아쉬움과 속상함이 제 마음속에 깊게 남아 있었고, 학원을 개원한 이후부터는 아이들에게 작든 크든 다양한 연주 기회를 주기 위해 끊임없이 노력해왔습니다. 작년에는 처음으로 야외 연주회에 도전했습니다. 다행히 화창한 봄날, 사랑하는 가족들의 따뜻한 함성을 받으며 공원 전체가 연주 소리로 가득 찼습니다. 그날의 몽글몽글한 기분이 지금도 생생히 떠오릅니다. 한 폭의 그림처럼 아름다웠던 순간들 속에서, 감동의 눈물을 흘리시는 학부모님과, 1초라도 놓칠까 정성껏 아이들의 모습을 촬영하던 부모님의 모습이 잊히지 않습니다. 또, 아이들 못지않게 떨리는 마음으로 연주하셨던 성인반 수강생들의 연주도 너무 따뜻하고 인상 깊었습니다. 한쪽에서 이 모든 장면을 바라보던 저도 덩달아 흐뭇한 미소를 지었습니다. 우리의 연주회가 이렇게 많은 사람들에게 행복을 줄 수 있다는 사실에 큰 기쁨을 느꼈습니다. 이것이 바로 음악학원이 가진 가장 큰 특권이자, 제가 이 일을 하며 느끼는 가장 큰 행복이 아닐까 생각합니다.

이 아름다운 여정 앞에서

연주 기회를 많이 제공하려는 또 다른 이유는 아이들에게 동기를 부여하기 위함입니다. 사실 피아노는 장거리 마라톤처럼 꾸준하고 은은하게 연습을 이어가야 하는 교육입니다. 여타 주요 과목처럼 시험이 따로 있는 것도 아니기에, 중간중간 성취감을 느낄 수 있는 목표를 만들어주는 것은 제 역할이라고 생각합니다. 아무리 어린아이들이라 할지라도 "내가 왜 이 연습을 해야 하는지"를 스스로 이해하지 못한다면, 그 과정을 오래 지속하기가 쉽지 않습니다.

하지만 제가 오랜 기간 아이들을 지도하면서 알게 된 사실은, 연주 경험이 있는 아이들 대부분은 계속해서 또 도전하고 싶어 한다는 점입니다. 처음에는 절대 무대에 서고 싶지 않다고 말하던 아이들도, 연주를 경험한 후에는 계속하고 싶어 하는 경우가 많습니다. 왜일까요? 연주를 통해 자신이 해냈다는 엄청난 성취감을 느끼고, 무엇보다 가족과 친구들로부터 폭풍 응원을 받는 그 순간이 너무나 행복하기 때문입니다. 물론 연주를 준비하는 과정은 결코 쉽지 않습니다. 아이들 각자의 최대 역량을 선보일 수 있도록 세심히 지도해야 하고, 당일 차질 없이 진행되도록 한 달 전부터 철저히 준비해야 합니다. 그래서 연주회와 콩쿨이 끝난 후에는 종종 몸에 병이 나곤 합니다. 하지만 돌이켜보면 가장 기억에 남는 순간은 언제나 연주회와 콩쿨입니다. 그날의 사진을 보고, 학부모님께서 전해주신 따뜻한 마음들을 떠올릴 때면 힘들었던 기억은 어느새 사라지고, 그 순간의 기쁨만 남아 있습니다. 어쩌면 저도 연주회의 매력에 중독된 것인지 모르겠습니다.

예전에 라디오 스타에 출연한 오은영 박사님이 퀴즈를 내셨던 장면이 떠오릅니다. 질문은 다음과 같았습니다. "1번. 고등학교 2학년 2학기 중간고사 수학 점수를 기억하시나요?" "2번. 시험을 앞두고 밤을 새며 눈 비비기, 허벅지 때리기 등을 해본 적이 있나요?" 결과는 놀라웠습니다. 1번을 기억하는 사람은 아무도 없었고, 2번은 모두가 그렇다고 대답했습니다. 이는 사람들이 점수보다는 "내가 열심히 노력했어"라는 과정을 더 선명하게 기억한다는 것을 보여줍니다. 이처럼, 아이들에게 중요한 것은 점수나 결과가 아니라 "열심히 연습하고, 그 과정을 통해 멋진 연주를 해냈다"는 기억을 심어주는 것입니다. 아이들이 먼 훗날 성인이 되어 학창 시절을 떠올렸을 때, 열심히 연습하고 멋지게 연주했던 기억이 있다면, 이는 인생을 살아가면서 큰 도움이 될 것입니다. 이 기억은 단순히 피아노 기술을 넘어서, 아이들에게 노력의 의미와 성취의 기쁨을 깨닫게 해주는 중요한 경험이 될 것이라고 확신합니다.

6장. 이플피아노를 브랜딩하다

이플다움을 찾아서

이플피아노, 컨셉을 찾다

어떤 학원이 좋은 학원일까?

아플다움을 찾아서

초등학교 4학년 때 개인 레슨을 받기 시작한 후, 피아노와의 인연은 끊어졌습니다. 무엇보다 선생님이 너무 무서웠습니다. 세상에서 제일 좋아했던 피아노가 싫어지게 되었고, 그때는 피아노를 연주하고 가르치는 사람이 될 거라고는 상상조차 하지 못했습니다.

그러던 중 열여덟, 입시를 1년 6개월 정도 앞두고 피아노가 미치도록 하고 싶어졌습니다. 하고 싶은 마음이 커질수록 제 안에서는 강한 부정이 함께 생겨났습니다. "예중, 예고를 나온 아이들이 수두룩한데, 악보도 잘 못 보는 내가 전공을 어떻게 하겠어?"라는 생각이 머릿속을 떠나지 않았습니다. 하지만 시간이

갈수록 피아노에 대한 열망은 걷잡을 수 없이 커졌고, 결국 처음엔 반대하셨던 부모님을 설득해 음대 준비를 시작하게 되었습니다.

열심히 공부해서 들어간 고등학교에서 저는 고3 중 유일한 피아노 전공생이었습니다. 당시 제 목표는 단 하나, "어느 학교든 좋으니 음대만이라도 들어가자"는 것이었습니다. 아는 선생님도, 입시에 대한 정보도 전혀 없었던 저는 조율 사장님의 소개로 제게 잊을 수 없는 선생님 한 분을 만나게 됩니다.

조율 사장님께서는 선생님께 이렇게 말씀하셨다고 합니다. "어떤 학생이 전공을 하기로 결정했는데, 가능할지 한 번 테스트 해주세요." 그 말을 들은 선생님께서는 우리 집까지 직접 와주셨고, 제 서툰 연주를 들어주셨습니다. 다행히 선생님께서는 제 가능성을 봐주셨고, 함께 준비해보자고 말씀하셨습니다. 그렇게 저는 본격적으로 입시 준비를 시작하게 되었습니다.

내 인생을 바꾼 세 분의 스승

선생님은 서울에서 원주까지 직접 레슨을 하러 와주셨습니다. 지금의 제가 스승의 입장에서 그 시절을 되돌아보니, 학생에 대한 깊은 애정이 없었다면 절대 할 수 없는 결정이라는 사실을 뒤늦게 깨닫게 되었습니다. 너무나 감사할 따름입니다. 베토

벤 소나타나 쇼팽 에튀드가 무엇인지도 모르던, 그야말로 아무런 기반이 없던 저에게 선생님은 "좋은 학교에 갈 수 있다"며 끊임없이 이끌어주시고 믿어주셨습니다. 입시곡 두 곡을 파고 또 파며 미치도록 연습한 끝에, 첫 번째 목표였던 음대 합격을 이루어냈습니다.

학사를 졸업할 무렵, 솔리스트를 빛나게 해주는 반주라는 학문에 처음 관심이 생겼습니다. 그렇게 수업 교수님의 소개로 두 번째 은인인 선생님을 만나게 되었습니다. 이 선생님은 반주과라는 학문을 처음으로 한국에 도입하신, 70대라는 나이가 믿기지 않을 만큼 열정적이신 반주계의 대모이셨습니다. 저는 그분께 체르니부터 다시 배우기 시작했습니다. 몸을 어떻게 사용해야 하는지, 소리는 어떻게 내야 하는지, 선생님은 레슨 시간 내내 제 손과 몸을 직접 컨트롤하며 세세하게 지도해주셨습니다.

어떤 날은 도레미파솔라시도만 1시간 동안 반복해서 친 적도 있었습니다. 몸이 마음대로 움직여지지 않아 답답함을 느낄 때에도, 선생님은 저를 포기하지 않으셨습니다. 하나부터 열까지 모든 것을 차근차근 가르쳐주시며 "너는 잘될 거야. 음악을 끝까지 놓지 마라"라는 말씀으로 힘을 주셨습니다. 지방에서 오느라 고생이 많다며 한 시간 반 이상 열정적인 레슨을 해주셨습니다. 그 결과 저는 성신여대 대학원 반주과에 입학할 수 있었습니다.

대학원 합격 후, 저를 지금의 위치로 만들어주신 세 번째 선생님께서는 이렇게 말씀하신 적이 있습니다. "맛있는 김밥을 만들 수 있는 좋은 재료들이 널부러져 있음에도, 너는 네가 가진 능력을 모두 사용하지 못한 채 한 가지 재료로만 연주한다." 이 말은 저에게 큰 깨달음을 주었습니다. 선생님께서는 음악을 스스로 표현할 수 있는 방법을 가르쳐주셨습니다. 선생님을 믿고, 지도해주시는 방향을 따라갔을 때, 어느 순간 좋은 음악이 만들어지는 신기함을 경험했습니다.

음악이 만들어지는 과정이 너무 즐거워서 제 인생에서 가장 열심히 연습했던 시기였습니다. 그때 처음으로 "아, 내가 음악을 하고 있구나"라는 감정을 느꼈습니다. 이 시기는 단순히 음악을 배우는 것을 넘어, 제가 음악을 통해 스스로를 표현하고 성장할 수 있음을 깨닫게 해준 소중한 시간이었습니다.

내가 이플을 개원한 이유

선생님께서는 매 레슨 때마다 목이 다 쉬어 목소리가 나오지 않을 정도로 열정적으로 지도해주셨습니다. 레슨이 끝난 후에도 따로 연락을 주셔서 한 번 더 방향성을 잡아주시고 응원의 말씀을 전해주셨습니다. 선생님 덕분에 저는 정말 만족스러운 연주를 하고 졸업하자는 목표를 이룰 수 있었고, 아울러 좋은 기회들을 얻으며 졸업할 수 있었습니다. 만약 이 세 분의 선생님께서 저를 향한 진심 어린 마음과 열정을 보여주시지 않았다면, 저는 음악의 힘을 알지 못한 채 그저 아이들을 가르치는 평범한 학원 원장으로 남았을지도 모릅니다.

제가 학원을 개원하게 된 이유이자 목표는 단순합니다. 학원에 오는 모든 분들이 피아노를 통해 음악으로 행복해지는 것입니다. 또한, 힐링할 수 있는 평생의 취미로 피아노를 만들어주는 것입니다. 그리고 지방의 피아노 전공생들이 멀리 가지 않고도 질 좋은 레슨을 받고, 마음껏 연습할 수 있는 학원을 만드는 것입니다. 저는 선생님이라는 존재가 아이들에게 얼마나 중요한지 너무나 잘 알고 있습니다. 음악을 가르치는 사람으로서의 사명을 지키며, 초심을 잃지 않고 이플에 오는 모든 아이들을 사랑과 정성으로 지도하고 싶습니다.

제가 이 일을 오래도록 할 수 있었던 데에는 학부모님들의 영향이 정말 큽니다. "사람한테 받은 상처는 사람으로 치유된다"는 말처럼, 가끔은 비수처럼 꽂히는 말을 듣고 상처를 받는 순간도 있지만, 한결같이 응원해주시고 믿어주시는 학부모님들이 많기에 매순간 감사한 마음을 갖습니다. 학원을 믿고 매일 장거리에서 픽업을 와주시는 학부모님들을 뵐 때면 더 열심히 지도해야겠다는 마음이 솟구칩니다. 때때로 제 마음만큼 세심하게 보살피지 못했다는 생각이 들면 죄책감이 들 때도 있지만, 그럴 때마다 스스로를 다잡으며 더 나은 교육을 제공하기 위해 노력합니다.

어느 학부모님께서 이플은 "피아노를 아름답게 연주하는 법을 가르쳐주는 곳" 같다고 말씀하셨을 때, 제 교육관을 온전히 이해해주신 것 같아 얼마나 기쁘고 행복했는지 모릅니다. 또, 이플을 다니면서 아이의 꿈이 피아니스트가 되었다고 말씀하신 분도 계셨습니다. "이플을 다니지 않았더라면 이런 성취의 기쁨을 맛보지 못했을 거예요"라며 웃으시는 분, "더 빨리 다닐걸 그랬어요"라며 아쉬워하시는 분들도 계십니다. 이런 말씀을 들을 때마다 감사한 마음과 함께 그만큼의 책임감도 느끼게 됩니다. 믿어주시고 지지해주시는 만큼, 더 좋은 교육을 제공해야겠다는 다짐을 하게 됩니다.

무엇보다 가장 큰 보람을 느낄 때는 학부모님들이 "피아노를 배운 아이가 감정적으로, 정서적으로 정말 많이 좋아졌다"고 말씀해주실 때입니다. 감정 표현을 어려워하던 아이가 부쩍 표현력이 좋아졌다는 이야기를 들으면 가슴이 뭉클합니다. "우리 가족이 생각보다 감정에 대해 이야기를 많이 안 했구나"라는 깨달음을 얻고, 가정에서 변화가 일어나기도 합니다. 아이가 감정 노트를 쓰며 자존감이 올라갔다는 이야기, "피아노는 꼭 필요한 교육이에요"라는 말씀을 들을 때는 제가 꿈꾸던 학원의 모습에 한 발짝 더 다가섰다는 생각에 감격스럽기까지 합니다.

많고 많은 음악학원 중에서 우리 학원을 선택해 주신 학부모님들께 감사한 마음뿐입니다. 자녀의 행복과 성장을 위해 피땀 흘려 번 소중한 돈을 투자하시는 분들께, 아이들에게 음악이 선물과도 같은 존재가 될 수 있도록 사랑과 열정으로 지도할 것을 매번 다짐합니다. 이 기회를 빌려, 그동안 전하지 못했던 깊은 진심을 전합니다. 감사합니다.

이플다움을 고민하다

어느 날 밤, 저는 아이들과 찍은 레슨 영상을 밤새도록 보고 있었습니다. 부족한 점, 고쳐야 할 점들이 끊임없이 눈에 들어왔기 때문입니다. 다른 학원 원장님들의 수업 영상을 보면서 제 레슨의 장단점을 분석하기도 했습니다. 길다면 긴 몇 년 동안, 내실 있는 학원을 만들기 위해 적지 않은 공을 들였습니다. 그러나 제가 가장 중요하게 생각한 고민은 바로 **우리 학원의 존재 이유**에 관한 것이었습니다.

저는 아이들에게 음악을 통해 무엇을 줄 수 있는지, 왜 이 아이들이 피아노를 배워야만 하는지를 매일같이 고민하고 또 고민했습니다. 그렇게 조금씩 저만의 교육 철학과 학원만의 정체성을 찾아가게 되었습니다. 이 과정을 기록하기 위해 블로그와 인스타그램을 시작했습니다. 사실, 이전에는 블로그와 인스타그램을 거의 하지 않았을 정도로 마케팅의 중요성을 간과했었습니다. 그러나 그때부터 저는 매일매일 같은 하루를 보내며 책을 읽고, 연구하고, 생각을 정리해 블로그에 기록해 나갔습니다.

현재의 상황에서 제가 할 수 있는 것은 무엇이든 최대한 다하려고 노력했습니다. 모든 아이들을 열정과 애정을 담아 지도하는 것, 신입생 아이들에게 따뜻한 환경을 제공하는 방법, 재원생들이 소홀함을 느끼지 않도록 더 세심하게 챙기는 방법을 고민하며 기록했습니다. 브랜딩과 마케팅 공부를 왜 열심히 해야 하는지에 대한 답을 찾아다녔습니다. 블로그와 인스타그램을 활성화하기 위해 다양한 시도를 했고, 좋은 선생님을 구인하며 학부모님께 감사의 인사를 전하는 등 제가 지금 당장 할 수 있는 최선을 다했습니다.

그동안의 노력과 시간이 합쳐져 시너지 효과를 낸 덕분인지, 2023년에는 무려 62명의 신입 원생이 들어오게 되었습니다. 하루에 상담이 서너 번씩 잡히는 날도 있었습니다. 새로운 아이들로 학원이 가득 찼고, 다음날 아이들을 보면 "이 아이가 누구였지?"라고 생각할 정도로 정신없이 바빴습니다. (마스크를 쓰고 있어 아이들을 더 알아보지 못했던 것도 한몫했죠.) 한 번도 경험해보지 못한 이 작은 성공에, 지금 제게 펼쳐지는 상황이 얼마나 감사하고 소중한지 깨닫고 있었습니다.

지인들은 그 시기의 저를 보고 "정말 행복했겠다, 좋았겠다"라고 말하곤 했습니다. 그러나 사실 저는 온전히 그 행복을 즐기지 못하고 있었습니다. 이 꿈같은 현실이 한순간에 뒤바뀔지도 모른다는 생각, 그리고 이런 상황일수록 들뜨지 말고 더욱 잘 유지해야 한다는 압박감 때문이었습니다. 스스로 조금이라도 들뜬 모습을 발견하면 안 된다고 다짐하며, "한순간일 뿐이야, 더 잘해야 돼"라고 긴장감을 다시 끌어올리곤 했습니다.

그때의 압박과 긴장 속에서도, 저는 흔들리지 않고 꾸준히 노력하는 것이 중요하다는 사실을 깨달았습니다. 그리고 그 노력들이 아이들과 학부모님들에게 더 나은 경험과 가치를 전달할 수 있는 발판이 되었음을 실감하고 있습니다.

아이들이 행복한 학원, 이플

그때는 신입 원생이 들어오면 더욱 조심하게 되고, 퇴원하는 아이가 생기면 저도 모르게 예민해지곤 했습니다. 정말 꿈에 그리던 세 자릿수 원생에 도달하고, 우리만의 차별화된 EQ 교육 시스템을 만들어낸 지금 돌아보면, 스스로를 계속 긴장의 틀에 가두어두었던 그 시기의 제가 참 안쓰럽게 느껴집니다. 충분히 행복해했어도 되었을 텐데, 왜 그렇게 매일매일 스스로를 다잡았을까 싶기도 합니다. 하지만 다른 한편으로는 그 엄격한 관리 덕분에 지금까지도 이 안정된 상태를 잘 유지할 수 있었던 것이 아닌가 싶습니다. 지금이라도 그때의 저를 향해 정말 잘 이겨냈고, 최선을 다해 원하던 결과를 만들어냈다고 칭찬과 격려를 해주고 싶습니다.

현재 저는 이플다움, 즉 우리 학원만의 정체성이 무엇인지 끊임없이 고민하고, 찾아내고, 이를 학부모님들과 아이들에게 알리고 있습니다. 제가 정의한 이플다움은 다음과 같습니다. '아이들이 행복한 학원', '피아노를 통해 작은 성취감을 많이 쌓아 영혼이 단단한 아이로 자라나도록 돕는 것'입니다.

피아노는 꾸준히 노력하고 연습해야만 비로소 성취의 기쁨을 느낄 수 있는 악기입니다. 한 마디도 못 치던 아이가 열심히 노력한 끝에 멋지게 칠 수 있는 곡을 연주하게 되는 경험, 최선을 다해 준비한 곡으로 무대에 서는 특별한 경험은 아이들에게 잊지 못할 성취감을 선사합니다. 이러한 작은 성공들이 쌓이고 쌓여, 180도 달라진 모습을 보이는 아이들을 저는 정말 많이 보아왔습니다.

하지만 어린아이들이 이러한 인내의 과정을 혼자서 온전히 겪어나가는 것은 쉽지 않은 일입니다. 그래서 우리 학원은 아이들에게 '성장 멘토'가 되고자 합니다. 아이들이 그 과정을 마냥 힘들고 지루한 시간으로 느끼지 않도록, 스스로 성장하는 즐거움을 발견하고 경험할 수 있도록 돕는 것이 우리 학원의 역할이라고 생각합니다. 이플은 단순히 피아노를 가르치는 학원이 아니라, 아이들이 노력의 가치를 깨닫고, 성취를 통해 자존감을 키우며, 음악을 통해 삶의 행복을 발견하는 공간이 되길 바랍니다. 그리고 이러한 과정에서 아이들에게 가장 큰 응원과 지지를 보내는 든든한 멘토로 남고 싶습니다.

피아노 권태기 시기를 극복했을 때

제가 아이들을 지도하며 가장 안타까웠던 점 중 하나는 아이들이 피아노를 배우는 과정에서 누구나 한두 번쯤은 겪게 되는 '피아노 권태기'였습니다. 피아노를 너무나 사랑해서 음악을 가르치는 업을 하고 있는 저조차도 연습이 힘들고 어려울 때가 있는데, 아이들이야 오죽할까요? 그러나 이러한 과정을 이겨내는 힘을 기르는 것은 인생을 살아가면서 정말 필요한 자질이라고 생각합니다. 피아노 권태기를 지혜롭게 극복하고 진정한 레벨업을 경험해봐야만 진정한 성장의 기쁨을 알 수 있습니다. 아이들이 성취의 기쁨을 맛본 후, 음악을 진정으로 사랑하고 즐길 수 있게 될 소중한 기회를 놓치지 않았으면 좋겠습니다.

2023년 6월 16일, 초등학교 3학년이었던 초창기 제자가 중학생이 되어 다시 학원을 찾아왔습니다. 너무 애정하던 제자였는데, 당시 해외로 이민을 가야 한다고 하더군요. 문득문득 생각이 나던 아이였습니다. 그 아이의 어머니가 말씀하시기를, 아이가 "이플이 없어졌으면 어떡하지?", "한국에 가면 피아노 선생님을 제일 먼저 만나러 갈 거야"라고 이야기했다고 하셨습니다. 부족한 선생님이었음에도 아이가 저를 잊지 않고 찾아와 주었다는 사실에, 그 시절의 기억이 아이에게 좋게 남아 있었구나 싶어 뿌듯하고 정말 기뻤던 하루였습니다.

지금 다니고 있는 아이들도 언젠가 이 친구처럼, 혹은 성인이 되었을 때 저를 찾아온다면 얼마나 행복할까요? 부디 우리 학원을 떠올렸을 때 따뜻하고 좋았던 기억만 고스란히 남아 있기를 바랍니다. 아이들에게 피아노 학원이 단순히 기술을 배우는 곳이 아니라, 노력과 성취를 통해 자신을 발견하고, 음악을 통해 행복을 느꼈던 장소로 기억되기를 진심으로 바랍니다.

시간이 흘러도 익숙해지지 않는 것

거의 8년 동안 학원을 운영하며 아이들을 지도하고 학부모님을 응대하는 데에도 많은 노하우가 생겼습니다. 운영 체계를 잡는 것도 훨씬 수월해졌습니다. 하지만 아무리 시간이 흘러도 익숙해지지 않는 한 가지가 있습니다. 바로 아이들과의 이별입니다.

몇 년을 가르친 아이와의 이별은 여전히 어렵고 마음이 아픕니다. 문자 한 통, 전화 한 통으로 갑작스레 이별을 통보받는 순간은 절대로 익숙해지지 않습니다. 저는 아이들마다 매달, 매해의 대략적인 계획을 세워놓곤 합니다. 앞으로 어떤 곡을 가르칠지, 어떤 방향으로 이끌어야 할지 고민하며 그 아이를 위한 학습 계획을 세팅해놓습니다. 그런데 갑작스러운 통보를 받게 되면 그동안의 계획이 헛헛해지고, 속상한 마음을 감출 수가 없습니다.

대부분의 경우, 아이가 아닌 학부모님을 통해 이별 통보를 받습니다. 그래서 더욱 아쉽고 허전함이 큽니다. 아이와 함께 음악적 교감을 나누며 쌓아온 끈끈한 관계가 있었기에, 작별 인사를 나눌 수 있는 시간이라도 있었으면 좋겠다는 개인적인 바람이 있습니다. 음악을 함께 배우고 연주하며 함께 성장해온 아이들에게 진심을 담아 마지막 인사를 전하고, 그 아이들이 앞으로도 음악과 함께 행복하기를 응원하는 기회를 가질 수 있다면 좋겠습니다. 이러한 작별은 비록 이별이라 하더라도, 그동안의 시간과 노력을 더욱 의미 있게 만들어줄 것이라고 믿습니다.

EQ 교육을 시작하다

 이플피아노는 아이들에게 감성 지능(EQ)을 높이는 데 특화된 교육 철학을 가지고 있습니다. 그러나 이러한 철학을 구체적으로 컨셉화하고 표현하는 일은 쉽지 않았습니다. 언젠가 직접 레슨 영상을 보여주는 것도 컨셉이 될 수 있지 않을까 생각한 적이 있었습니다. 제 수업 속에서 제가 아이들을 어떻게 가르치고 있는지가 모두 드러날 것이라고 믿었기 때문입니다. 수업 중 저는 아이들에게 감성적이고 감각적인 표현을 자주 사용하며, 이를 통해 소리와 감정을 연결시키는 방법을 가르칩니다.

 이러한 교육 방식은 학부모님들과 다른 학원 원장님들께서도 차이를 느끼실 정도였습니다. 저는 피아노 학원에 오는 이유가 단순히 연주 기술을 배우는 것이 아니라, 소리를 통해 마음을 표현하는 법을 배우는 데 있다고 생각합니다. 피아노 교육의 진정한 의미는 아이들의 감성을 키워주고, 다양한 감정을 느끼고 표현하는 방법을 알려주는 데 있다고 믿습니다. 이 같은 철학을 반영해, 이플피아노만의 커리큘럼을 만들어냈습니다.

한 번은 오은영 박사님께서 "아이를 잘 키운다는 것은 마음이 편안한 아이로 키우는 것"이라고 말씀하신 적이 있습니다. 마음이 편안해지기 위해서는 감정이 잘 발달해야 합니다. 감정이 잘 발달하면 아이들은 자신의 다양한 감정을 느끼고 표현할 수 있을 뿐 아니라, 가까운 사람들과 감정을 공유하고 교류하며 스스로 만족감과 행복감을 느낄 수 있습니다. 또한, 좌절과 실패와 같은 인생의 어려움도 감정이 잘 발달되어야만 건강하게 극복할 수 있습니다.

그러나 감정 발달은 선천적인 것이 아니라 후천적으로 배울 수 있는 것이라고 합니다. 이는 가르치면 충분히 발달할 수 있다는 뜻이기도 합니다. 하지만 한국의 교육에서는 감정 수업이 거의 이루어지지 않고 있습니다. 가족 구성원이 점점 줄어들면서 아이들이 자연스럽게 감정을 교류할 기회도 적어졌고, 그들의 다양한 감정은 종종 방치되고 있는 것이 현실입니다.

미국에서 실시된 대규모 설문조사에 따르면, 학교에서 느끼는 기분을 묘사해달라는 질문에 학생들의 75% 이상이 "지친", "피곤한", "스트레스"와 같은 부정적인 단어를 사용했다고 합니다. 초중고 학생의 30% 이상은 정기적인 상담이 필요할 정도로 심각한 적응 문제를 겪고 있다고도 합니다. 이러한 문제를 해결하기 위해 전 세계의 많은 학교들이 감정 교육을 도입하고 있으며, 왕따와 불안 문제가 감소하고 출석률과 학업 성취도가 높아지는 등 긍정적인 성과를 거두고 있습니다.

이플피아노의 EQ PLUS 영재반 커리큘럼은 음악을 통해 감정을 배우는 수업을 지향합니다. 감정 표현에 사용되는 영어 단어만 해도 2000개가 넘는다고 합니다. 그러나 우리는 일상에서 매우 한정적인 감정 어휘만 사용하고 있습니다. 기쁨과 만족의 차이, 질투와 시기의 차이를 명확히 이해하고 계신가요? 이런 감정의 미묘한 차이를 인지하고 표현하는 능력은 어릴 때부터 잘 배워야 합니다.

피아노 레슨 중 저는 "이 곡은 어떤 분위기야?", "이 곡을 연주할 때 어떤 기분이 드니?"라는 질문을 자주 던집니다. 하지만 많은 아이들은 "몰라요", "좋아요", "짜증나요"와 같이 단순한 답변을 하곤 합니다. 이는 감정을 표현할 기회가 부족했기 때문이라고 생각합니다. 어른인 저조차 내 감정을 명확히 이해하거나 표현하는 일이 쉽지 않으니, 아이들이 어려움을 느끼는 것은 당연할지도 모릅니다.

이플피아노는 이러한 현실을 바꾸고자 합니다. 아이들이 피아노를 통해 자신의 감정을 깊이 이해하고, 다양한 표현 방식을 배우며, 행복하고 건강한 마음을 가진 사람으로 성장할 수 있도록 돕는 것이 이플의 목표입니다. 음악은 아이들에게 단순히 기술을 가르치는 것이 아니라, 삶을 더 풍요롭게 만드는 감정의 언어가 될 수 있다고 믿습니다.

감성을 키우는 커리큘럼

어떻게 하면 아이들이 음악을 통해 자신의 감정을 더욱 잘 느끼고 표현할 수 있을까? 이 질문에 답하기 위해 저는 매달 많은 비용을 교육비로 투자하며 오랜 시간 공부하고 연구해왔습니다. 그렇게 고민 끝에 피아노 학원 최초로 감정노트를 개발하게 되었습니다. 처음 도입한 것이었기에 시행착오도 많고 부족함도 있었지만, 학부모님들의 반응은 매우 긍정적이었습니다.

감정노트를 통해 학부모님들은 아이들이 감정 표현에 얼마나 서툴렀는지, 가족 간 감정 대화가 얼마나 부족했는지를 깨닫게 되었다며 감사하다고 말씀하셨습니다. 이런 피드백은 감정교육의 중요성을 다시 한번 확신하게 해주었습니다.

감정노트를 도입한 후, 부족했던 점과 아쉬운 부분들을 보완하며 이플만의 EQ PLUS 커리큘럼을 만들었습니다. 이 커리큘럼은 더욱 체계적이고 차별화된 음악 및 감정 교육을 목표로 개발되었습니다. 오랜 기간의 공부와 연구 끝에 깨달은 중요한 사실이 하나 있었습니다. 그것은 감정을 가르치는 수백 가지 방법 중에서 '스토리'가 핵심이라는 점이었습니다. 이야기를 통해 자연스럽게 감정을 배울 수 있다는 것을 뒤늦게나마 깨닫게 된 것입니다.

이에 따라 자연스럽게 감정을 느끼고 배울 수 있는 피아노 교수법을 연구하였고, 레슨 효과를 몇 배로 강화할 수 있는 곡 커리큘럼을 개발하게 되었습니다. 세상에는 수없이 많은 음악이 존재합니다. 태교 음악이 있듯이, 에너지를 극대화시킬 수 있는 음악도 있습니다. 이플 EQ PLUS 영재반은 다양한 감정을 느끼고 배울 수 있는 데 탁월한 곡들로 구성되었습니다.

이 과정에서 수록된 곡들은 오랜 시간 아이들을 지도하면서 가장 효과가 좋았던 곡들, 꾸준한 곡 연구와 분석 끝에 감성 발달에 매우 효과적이라고 확인된 곡들입니다. 예를 들어, 동요라고 해도 모든 곡이 감정 교육에 적합한 것은 아닙니다. "떴다 떴다 비행기"나 "학교 종이 땡땡땡" 같은 곡으로는 감정을 배우기 어렵지만, 감정을 배울 수 있는 동요도 분명히 존재합니다.

이플 EQ PLUS 영재반 커리큘럼은 총 3단계로 이루어져 있습니다.
레벨 1에서는 기쁨, 슬픔, 행복 등 메인 감정을 중심으로,
레벨 2~3에서는 애절함, 뭉클함, 침울함과 같은 더 세분화된 서브 감정을 다룹니다.

아이들의 연주력과 발달 단계를 고려하여 체계적으로 학습할 수 있도록 설계되었습니다. 기쁨에도 잔잔한 기쁨과 벅찬 기쁨이 있듯이, 어린아이들이 말로 표현하기 어려운 세분화된 감정을 이플 교수법과 감성 자극 커리큘럼을 통해 스스로 연주하며 자연스럽게 느끼고 표현할 수 있도록 돕습니다.

이 커리큘럼은 단순히 음악 기술을 배우는 것을 넘어, 아이들이 음악을 통해 자신의 감정을 깊이 이해하고, 풍부한 감정 세계를 경험하며, 더 나아가 음악을 통해 자신의 마음을 자유롭게 표현할 수 있도록 돕는 데 중점을 두고 있습니다. 피아노 교육의 본질이 단순한 연주를 넘어 아이들의 감성을 키우고 삶을 풍요롭게 만드는 것이라는 믿음으로, 이플의 EQ PLUS 커리큘럼은 아이들에게 감정과 음악이 선물과도 같은 존재가 되기를 꿈꾸고 있습니다.

우리 아이에게 꼭 필요한 음악 교육

부끄럽지만, 저 또한 감정 표현에 서툰 사람입니다. 피아노를 칠 때면 마음속에서 감정이 요동치기도 하고, 억눌러왔던 감정들을 연주를 통해 마주하게 되는 순간들이 있습니다. 극 T 성향임에도 불구하고, 피아노를 칠 때 가끔 눈물을 흘리기도 합니다. 음악은 제게 항상 그런 존재입니다. 마음을 진정시키고, 감정을 해소하며, 정서적으로 안정을 찾게 도와주는 친구 같은 존재죠. 앞으로도 우리 아이들과 음악 이야기를 많이 나누며, 음악과 사랑에 빠지고 싶습니다. 아이들이 자연스럽게 감정을 배우고 표현할 수 있도록, 즐겁고 유익한 수업을 만들어가려고 합니다.

음악 교육의 궁극적인 목표는 음악을 통해 자신의 감정을 표현할 수 있도록 학습의 장을 마련하는 것이어야 한다고 생각합니다. 내면에 아무런 느낌 없이 기계적으로 음악을 연주하는 것과, 감정을 담아 연주하는 것의 차이는 결과적으로 엄청납니다. 그렇기에 좋은 교수법이 중요합니다.

음악은 감정으로 이루어져 있으며, 이 감정을 표현하는 수단은 '소리'입니다. 그리고 이 소리를 정확히 내고 표현할 수 있는 방법을 알려주는 것이 바로 좋은 교수법입니다. 단순히 "밝게 쳐", "슬프게 쳐"라고 말한다고 해서 그런 소리를 낼 수 있는 것이 아닙니다. 예를 들어, 담대하고 웅장한 소리를 내려면 손가락의

면적을 넓게 사용하고, 앞팔과 체중을 실어 호흡과 함께 타건해야 가능합니다. 한박, 두박을 가르치는 것은 누구나 할 수 있지만, 아이가 스스로 감정을 표현할 수 있도록 유도하는 것은 아무나 할 수 없는 영역입니다.

음악이라는 매개체와 피아노라는 도구를 통해, 아이들이 행복해지고 똑똑해지며 감정적으로도 성장할 수 있는 교육을 제공하고 싶습니다. 1~20년 뒤, "이플피아노 다니길 정말 잘했어"라는 생각이 들 수 있도록, 점점 더 고퀄리티의 음악 교육을 만들어 가는 것이 목표입니다.

아이들은 아침에 눈을 뜨는 순간부터 학교일과를 마치고 돌아와 잠드는 순간까지 수많은 감정을 경험합니다. 참담할 정도로 부정적인 느낌부터 극도로 행복한 긍정적인 느낌까지, 감정의 파도가 끊임없이 밀려왔다가 사라지곤 합니다. 이 감정의 파도를 잘 다독이며 하루하루를 지내려면, 아이들의 감정 지능(EQ)을 키우는 것이 무엇보다 중요합니다.

우리나라 부모님들의 교육열은 세계에서도 손꼽힐 정도로 높습니다. 하지만 아이가 진정으로 행복하길 원한다면, 학업 성취에만 집중하기보다 심리적 면역력을 키우는 데에도 관심을 가져야 합니다. 아이가 삶에서 마주할 다양한 감정과 상황을 건강하게 대처하고 극복할 수 있는 능력을 키우는 것이야말로, 진정 필요한 교육이라고 믿습니다.

그렇다면 우리 아이들에게 정말 필요한 교육은 무엇일까요? 그것은 감정 지능을 키워주는 교육입니다. 감정을 이해하고 표현하며 조절할 수 있는 능력을 가르치는 교육이야말로, 아이들이 행복한 삶을 살아가는 데 필수적인 요소입니다. 피아노 교육은 단순히 연주 기술을 배우는 것을 넘어, 감정을 이해하고 표현할 수 있는 힘을 길러주는 도구가 될 수 있습니다. 이것이 제가 피아노 교육을 통해 아이들과 함께 이루고자 하는 가장 큰 목표입니다.

원장인 나를 브랜딩 한다는 것

어느 날, 개원을 앞둔 한 원장님으로부터 연락을 받았습니다. 그분은 제 블로그 글들을 정독한 후 신뢰가 생겨 바로 전화를 주셨다고 하셨습니다. 브랜딩과 마케팅의 중요성을 깨닫고 학원의 가치를 기록하기 시작한 뒤, 저의 글에 관심을 가져주시는 분들이 생기기 시작했습니다. 그 원장님 역시 제 글을 보고 문의를 주신 것이었죠. 그렇게 우연히 시작된 인연으로, 저는 그분이 학원을 인수한 후 자리를 잡으시기까지 약 3개월 동안 도움을 드렸습니다.

그 원장님은 무척 만족하셨습니다. 이미 많은 학문적 배경을 갖춘 분이었음에도, 제가 필요한 부분에서 도움을 드릴 수 있었던 모양입니다. 그때는 체계적인 컨설팅 커리큘럼조차 없었습니다. 단지 질문에 답해드리고, "이렇게 해보시면 좋을 것 같아요"라며 가이드를 드리는 정도였습니다. 한 달에 한 번 정도 만나고, 2주에 한 번씩 과제를 드렸을 뿐이었습니다. 그러던 어느 날, 그 원장님께서 불쑥 이렇게 말씀하셨습니다.

"선생님, 정말 좋은 일 하세요. 저처럼 간절한 사람에게 얼마나 의미 있는 일인지 몰라요. 고민이 있고 어려움이 있는 사람들을 도와주시는 거잖아요."

그 순간, 제가 얼마나 의미 있는 일을 하고 있는지 깨달았습니다. 단지 피아노만 가르치는 것이 아니라, 학원 경영이라는 또 다른 분야에서도 사람들에게 도움을 줄 수 있다는 사실을 처음으로 자각하게 된 순간이었습니다. 저는 유학을 다녀오거나, 교수로 활동한 경험이 있는 사람도 아니고, 전국적으로 큰 성과를 이루며 학원을 사업화한 사람이 아닙니다. 그저 폐원 위기였던 10명대의 학원을 다잡아 지금의 이플을 만들어낸 경험뿐입니다. 처음부터 승승장구했던 것도 아니었고, 오랜 시간 초보 원장님들과 같은 고민을 겪어온 사람이었습니다.

그렇기에 컨설팅을 할 수 있다고 생각했습니다. 운영이 어려워 해결책을 찾지 못하는 원장님들께, 제 경험과 시행착오에서 얻은 노하우들이 충분히 도움이 될 수 있다고 믿었기 때문입니다. 피아노 학원 운영이 어려운 상황에서, 전혀 다른 분야의 CEO가 아닌, 같은 고민을 겪어온 사람의 조언이 더 필요한 것이니까요.

그 후, 좀 더 전문적인 컨설팅의 영역을 파기 시작했습니다. 저는 계획을 세우고 실행하는 데 자신이 있었고, 사람들의 장점을 관찰해 이를 특화시키며 방향성을 설정하는 데 강점이 있었습니다. 이 두 가지가 제 탤런트라고 생각했고, 컨설팅이라는 분야와 잘 맞는다고 느꼈습니다. 컨설팅은 구체적인 계획이 필요하고, 상대방의 상황과 성향에 맞춰 방향성을 설정해야 하는 작업이기 때문입니다.

그렇게 한 명이라도 신청하면 최선을 다하겠다는 마음으로 컨설팅 1기를 오픈했는데, 예상치 못하게 4명의 정원이 금세 채워졌습니다. 부족한 저를 믿고 신청해주신 선생님들 덕분에 저는 한 분 한 분 정성을 다해 상권 분석부터 제가 알고 있는 모든 것을 아낌없이 알려드렸습니다. 그들의 신뢰에 보답하고 싶었고, 제가 가진 경험과 노하우로 그들의 학원 운영에 실질적인 도움을 줄 수 있다는 사실에 큰 보람을 느꼈습니다.

이 과정은 제가 가진 탤런트를 실현하는 동시에, 다른 원장님들에게 의미 있는 가치를 전달하는 소중한 시간이 되었습니다. 앞으로도 이러한 경험을 바탕으로 더 많은 분들에게 도움이 되고, 함께 성장할 수 있기를 희망합니다.

학원 운영 컨설턴트를 도전하다

한 번의 과제 피드백을 위해 제 하루를 모두 투자한다고 해도 과언이 아닐 정도로, 컨설팅은 엄청난 고민과 준비를 필요로 합니다. 우선 상권 분석을 통해 지역 상황을 면밀히 파악합니다. 이후, 선생님들의 블로그와 인스타그램, 사전 설문지를 정독하며 강점을 분석하고, 문제점을 찾아냅니다. 선생님들께서 보내주신 10분이 넘는 티칭 영상을 5~10개씩 하나하나 다 보며, 티칭 피드백 영상을 촬영합니다. 이렇게 4분의 선생님을 도와드리려면 제 시간이라고는 1도 없이 밤을 새가며 컨설팅 준비에 몰두해야 했습니다.

그동안 쌓아온 노하우를 아낌없이 공유하며 진심으로 컨설팅에 임했습니다. 그리고 이러한 진심이 통했던 것인지, 컨설팅을 받은 선생님들로부터 높은 만족도를 얻을 수 있었습니다. 하지만 컨설팅이 끝난 후에는 "더 이상 컨설팅을 못하겠어"라는 생각이 들기도 합니다. 그럴 때마다 선생님들께서 해주시는 감사의 말들, 써주시는 진솔한 후기를 보며 보람을 느끼고 다시 힘을 내곤 합니다.

"올해 들어 가장 잘한 일은 선생님께 컨설팅을 받은 거예요."
"너무나 귀한 시간이었습니다. 후회 없는 컨설팅이 되실 거라고 자신 있게 말씀드릴 수 있습니다."

그동안 컨설팅을 통해 만난 선생님들이 변화를 경험하고 성장하실 수 있도록, 저는 진심을 다해 도와드렸습니다. 절실한 마음으로 찾아오신 선생님들에게 최선을 다하기 위해 미팅과 과제 피드백 준비에 제 모든 시간을 쏟아부었습니다. 한 번의 과제 피드백을 준비하는 데만 3~4시간이 걸리곤 했고, 그 과정에서 나만의 자유시간은 상상조차 할 수 없었습니다. 정작 제 개인적인 일은 계속 밀리고, 잠을 줄여가며 준비하던 날들이 비일비재했습니다.

한 마디도 못 치던 아이가 한 곡을 멋지게 완성하기까지 얼마나 큰 노력과 애정이 필요한지 원장님들께서도 잘 아실 것입니다. 컨설팅도 마찬가지였습니다. 운영은 운영대로, 티칭은 티칭대로, 각 선생님들의 상황과 질문, 요구 사항이 모두 다르기 때문에 더욱 세심한 준비가 필요했습니다. 컨설팅을 시작하면서 오히려 제가 더 많이 공부하고 배웠던 것 같습니다.

그럼에도 불구하고, 제가 한 노력과 시간이 다른 선생님들의 고민을 덜어주고, 그들의 학원이 나아졌다는 이야기를 들을 때마다 너무나도 큰 보람을 느낍니다. 나로 인해 다른 사람이 성장하고, 학원이 더 좋아졌다는 말을 들으면 진정한 행복을 느끼게 됩니다. 컨설팅은 단순히 지식을 나누는 것이 아니라, 함께 성장하고 변화를 만들어가는 의미 있는 여정이라는 것을 깨닫게 되었습니다.

피아노 학원을 위한 매뉴얼을 만들다

하지만 수개월간 쉬지 않고 컨설팅을 진행하고 나니 저에게도 번아웃이 찾아왔습니다. 물론 부족한 제가 누군가에게 도움이 될 수 있다는 것에 보람을 느꼈고, 뿌듯하고 정말 감사했지만, 정신적으로나 체력적으로나 정말 고되고 힘든 작업이었습니다. 그래서 어떻게 하면 이 과정들을 더 효율적으로, 더 좋은 방향으로 발전시킬 수 있을지 오랜 시간 고민하게 되었습니다. 그렇게 탄생하게 된 것이 이플 선생님의 성공적인 전략 스터디입니다.

1:1 컨설팅을 진행하면서 늘 생각했던 점이 있었습니다. 지금 제가 선생님과 함께 나누는 대화, 알려드리는 정보, 그리고 제안하는 과제들이 운영이 어려운 선생님들, 혹은 운영을 더 잘

해나가고 싶은 선생님들께도 공유되면 얼마나 좋을까 하는 생각이 들었습니다. 그동안 열심히 공부해왔던 브랜딩, 마케팅, 티칭과 관련된 지식들, 그리고 저의 운영 노하우들을 정리해서 더 많은 선생님께 알려드릴 방법을 고민했습니다.

컨설팅은 엄청난 노력과 시간이 필요한 반면, 한 번에 영향을 미칠 수 있는 대상은 한정적이라는 점이 아쉬웠습니다. 그러다 문득 다른 업종에서 자신의 노하우를 교육으로 만들어 운영하는 사례들을 보게 되었고, 그제야 "이거다!"라는 확신이 들었습니다. 그날 바로 계획을 세우기 시작했고, "내년에는 꼭 오픈하리라"는 결심을 하게 되었습니다.

피아노 업계에서는 티칭을 잘 가르치는 교육은 많지만, 브랜딩과 마케팅, 운영에 필요한 것들을 체계적으로 알려주는 교육은 거의 없었습니다. 이 유일함이 참 의미가 있으면서도, 0부터 스스로 모든 것을 만들어내야 했기에 막막하고 어려웠습니다. 그렇게 2년을 꼬박 준비하여 스터디를 만들었습니다.

지식의 한계에 부딪힐 때마다 몇백만 원을 과감히 투자하며 공부를 이어갔고, 다듬고 또 다듬었지만 여전히 부족하게 느껴져 자신감이 떨어지기도 했습니다. 이 과정이 너무 힘들어 포기하고 싶다는 생각을 수십 번도 넘게 했지만, 절대 포기할 수 없었습니다.

그 이유는 두 가지였습니다. 첫째, 제가 이 업을 하고 있는 이상, 피아노 교육의 인식을 개선하기 위해 모든 노력을 다 해보고 싶다는 확고한 마음이 있었기 때문입니다. 교육의 인식을 바꾸려면 더 많은 선생님들께 브랜딩과 마케팅을 알려드리고, 가치 있는 음악 학원이 많아지는 것이 첫걸음이라고 생각했습니다. 둘째, 아무리 열심히 해도 운영이 나아지지 않는 고통을 제가 누구보다도 잘 알기 때문입니다. "이렇게 열심히 하는데 왜 아이들이 오지 않을까?", "피아노 학원인데 차량을 없애니 반 이상 빠지는 이유가 뭘까?", "혹시 안 좋은 소문이 난 건 아닐까?"라는 고민으로 하루도 마음 편히 지낼 수 없던 저였습니다.

20대 초반의 저는 오로지 "학원" 생각뿐이었습니다. 잘하고 싶은 마음으로 주말, 밤낮 할 것 없이 공부하며 내실을 탄탄히 다지는 데 몰두했습니다. 그 결과 소문을 듣고 찾아오는 학원, 학생들과 학부모님들의 신뢰를 얻으며 보람을 느끼고 피아노를 사랑하는 아이들과 행복하게 학원을 운영할 수 있게 되었습니다. 이 수많은 시행착오를 겪으며 알게 된 저의 경험들이 다른 선생님들께 조금이라도 도움이 되고, 그분들의 운영이 나아지고 행복해지신다면, 그것보다 더 의미 있는 일은 없다고 생각했습니다. 다가오는 미래를 준비하는 것은 매우 중요한 시점입니다. 불과 몇 년 후에도 먹고사는 문제에 대한 고민이 저를 뒤덮을 것 같은 불안감이 있었습니다. 음악을 가르치는 행복감을 잃어버릴 것 같은 두려움에, 지금 제가 할 수 있는 최선을 다하자는 결심을 하게 되었습니다.

그리고 이 지식을 동네 옆 학원에도 나누고 싶었습니다. 경쟁자라는 생각에 숨기기보다는, 이 업을 사랑하고 오래도록 함께 하고 싶은 선생님들과 제가 공부해온 모든 것을 나누고 싶었습니다. 함께 살 길을 찾고, 만들어가야 한다고 생각했습니다. "같이"의 가치를 믿으며, 시너지 효과를 내고 싶었습니다. 그래서 지금도 저는 이 길을 걸어가고 있습니다.

변화를 돕고 위로가 되는 교육이 되기를

모든 인간은 두 가지 사고방식을 가지고 있다고 합니다. 바로 사람의 능력은 타고나는 것이라고 믿는 '고정형' 사고방식과 연습과 훈련을 통해 능력을 발전시킬 수 있다고 믿는 '성장형' 사고방식입니다. 고정형 사고를 가진 사람들은 선천적으로 주어진 재능과 가능성은 변할 수 없다고 생각합니다. 이들은 자신이 잘하는 일에 대해 선천적으로 매우 뛰어나다는 자부심을 갖지만, 단번에 해결되지 않는 일을 마주하거나 부정적인 피드백을 받으면 의욕을 잃기 쉽습니다. 노력보다는 결과에 가치를 두며, "노력은 머리가 안 좋은 사람들이나 하는 거지"라며 열심히 하는 사람들을 폄하하기도 합니다. 자신의 우월함을 증명하기 위해 끊임없이 타인과 자신을 비교하며 저울질하기 때문입니다.

반면 성장형 사고를 가진 사람들은 노력을 통해 자신의 능력을 얼마든지 발전시킬 수 있다고 믿습니다. 이들은 타인의 성공을 동기부여로 삼으며, 내가 노력하는 한 원하는 바를 이룰 수 있다고 생각합니다. 그래서 누군가의 성공을 질투하기보다는, 그들의 발자취에서 배울 점을 찾습니다.

메타인지를 해보면, 저는 성장형 사고방식에 가까운 사람이라고 생각합니다. 닮고 싶은 사람이나 목표를 이뤄낸 자신의 분야에서 성과를 내고 있는 사람들을 보며 자극을 받고, 가장 먼저 "배워야겠다"는 생각이 듭니다. 그들이 그 위치까지 오르는 과정이 결코 쉽지 않았음을 알기에, 과정에 대한 존경심을 가지고, 저 역시 그런 멋진 사람이 되고 싶다면 당연히 겸손하게 배우는 자세로 임해야 한다고 믿습니다.

제 자신에게 가장 자신 있는 부분은 나를 성장시켜줄 수 있는 전문가를 발견하는 눈, 그리고 그들에게 배운 것을 온전히 흡수하고 이를 내 것으로 만드는 능력입니다. 어려움이 있거나 방법을 몰라 고민될 때, 가장 빠른 지름길은 그 분야의 전문가에게 배우는 것이라고 생각합니다. 티칭이든, 운영이든, 취미든, 공부든 마찬가지입니다. 아무리 머리를 싸매고 고민해봐야, 그들이 오랜 시간과 돈을 투자해 갈고닦은 혜안과 경험은 결코 따라갈 수 없습니다. 그들의 연륜과 지식은 돈으로 환산할 수 없는 가치이며, 저에게 시간을 내어 가르쳐준다는 것만으로도 감사한 일이라고 느낍니다.

실제로 전문가에게 배우는 방법은 가장 효과적이었습니다. 방향성을 잡아주고 목표에 도달하는 데 엄청난 도움을 주었기 때문입니다. 누군가는 이 과정을 통해 부족한 부분을 깨닫고 스스로를 채우며 삶을 긍정적인 방향으로 만들어가지만, 또 누군가는 성과를 보고 시기하거나 인정하지 않으며 자격지심에 사로잡히기도 합니다. 하지만 그건 결국 자기 자신에게만 손해라고 생각합니다.

저는 스터디를 준비하면서 수많은 시행착오를 겪었고, 260페이지의 교안을 만들고 10시간 이상의 강의 대본을 작성하며, 청중이 잘 이해할 수 있도록 전달력을 키우는 법을 연구했습니다. 이런 과정에서, 김미경 강사님 같은 분들이 한 시간의 강의를 위해 얼마나 많은 노력을 기울이는지 뼈저리게 깨달았습니다. 최근 강의를 진행하며, 강의자와 프레젠테이션에 대한 글을 읽다가 깊은 깨달음을 주는 내용을 보았습니다. 진정한 강의자는 단순히 정보를 전달하는 사람이 아니라, 사람의 변화를 돕는 강의자라는 것이었습니다. 변화란 생각이든 행동이든, 사람이 실제로 변할 수 있도록 세심하게 배려하는 과정에서 이루어집니다.

저의 스터디가 운영을 처음 시작하는 선생님들에게는 든든한 조력자, 자신감의 원천이 되고, 운영이 힘든 선생님들에게는 동기부여와 에너지를 제공하며 위로가 되길 바랍니다. 사실, 제 스터디를 수강하신 분들 중에는 20년 이상의 경력을 가진 선생님들도, 뛰어난 스펙을 가진 선생님들도 계셨습니다. 40대 선생님들께서는 제가 젊다는 사실을 모르고 신청했다며 민망해하시기도 했습니다.

그럼에도 불구하고, 그분들이 제 교육을 찾아주신 이유는 아마도 제 경험이 실질적인 도움을 줄 수 있을 것이라 믿어주셨기 때문일 것입니다. 제가 그분들에게 제공해야 할 것은 무엇인지, 그들이 이 교육에서 얻고 싶은 것은 무엇인지에 대해 항상 고민합니다. 결국, 제가 조금 더 용기를 냈기 때문에 이런 교육을 할 수 있었던 것이지, 제가 더 잘나서가 절대 아닙니다.

지금까지 2기를 무사히 마쳤고, 수강해주신 선생님들께서는 다음과 같은 말씀을 남겨주셨습니다.

"전국의 모든 음악학원 선생님들이 들었으면 좋겠어요."
"선생님을 만나게 된 건 정말 소중한 기회이자 인연이에요."

"바라던 학원의 미래에 가까이 다가간 느낌이에요."
"답답한 부분을 콕 집어 뚫어준 명의를 만난 느낌이었어요."
"이번 해 가장 잘한 일은 스터디를 들은 거예요."

저는 스터디를 진행하는 동안만큼은 진정성을 잃지 않고, 선생님들의 성장을 돕는 데 최선을 다할 것입니다. 앞으로도 제 교육이 많은 분들에게 변화를 일으키고, 그들의 삶에 긍정적인 영향을 줄 수 있기를 바랍니다.

내가 브랜딩을 배우는 이유

학원을 살려보겠다고 마음먹은 후로는 브랜딩, 마케팅, 운영에 필요할 것 같은 책이란 책은 모두 읽었습니다. 브랜드와 브랜딩에 대해 이제 막 공부하고 학원에 적용하려 애쓰던 시기에는 사실 그것이 무엇인지조차 잘 알지 못했습니다. 그저 책에서 하라니까, 성공한 사람들이 하라니까, 계속 생각하고 시도했을 뿐이죠.

하지만 지난 2년 동안 브랜딩과 마케팅 공부에 몰두한 지금은 다릅니다. 이제는 머릿속에 확실히 자리 잡았습니다. "아, 이게 바로 브랜딩이구나." 그래서 스터디를 준비할 자신감도 생겼습니다. 물론 한때는 도대체 어떻게 차별화를 시켜야 할지 머릿속이 깜깜했던 시기도 있었습니다. 하지만 지금은 이플의 EQ 커리큘럼을 생각할수록 참신하고 신선한 아이디어들이 쏟아져 나옵니다.

브랜딩의 본질부터 하나하나 준비하며 뿌리를 단단히 만들었더니, "정말 쑥쑥 자라는구나"라는 생각이 듭니다. 그래서 이렇게 책도 도전할 수 있게 되었고, 이제 이플피아노라는 학원에 브랜드가 생기고 있구나 싶습니다. 7년이라는 시간이 걸려 비로소 여기까지 왔습니다.

브랜딩을 몰랐던 시절에는 조급함이 컸습니다. "이렇게 노력하는데 왜 안 될까? 얼른 완성하고 싶다!"라는 생각에 예민해지기도 했습니다. 하지만 속도보다는 방향이 중요하다는 것을 깨달은 이후로는 불안이나 두려움이 사라졌습니다.

또한, 예전에는 대기업 CEO나 김미경 선생님 같은 분들을 보며 "멋지다, 대단하다. 이제는 걱정 없이 자유를 누리며 살겠지?"라고 생각했지만, 그것이 크나큰 착각이었음을 알게 되었습니다. 브랜딩은 한 번으로 끝나는 작업이 아니라는 것을, 그것을 유지하고 시대에 뒤처지지 않기 위해 얼마나 더 노력해야 하는지도 깨달았습니다.

이미 브랜드를 구축한 분들이 경이롭게 느껴집니다. 이름만 들어도 알 법한 대기업들조차 끊임없이 회사를 리뉴얼하고, 시대에 맞는 새로운 것을 만들어내며, 소비자를 면밀히 파악하는 작업을 한순간도 멈추지 않습니다. 그러니 수많은 학원 중에서 돋보이고 살아남으려면 당연히 해야 할 일이었는데, 그걸 몰랐던 겁니다. 이제야 비로소 이플이 올바른 방향으로 나아가고 있고, 진짜 시작이라는 생각에 설레는 요즘입니다.

브랜딩을 통해 내가 고객들에게 보여주고 싶은 이미지, 고객들이 보는 나의 이미지, 학원의 교육 철학과 방향성을 명확히 정립하게 되었습니다. 몇 년간의 메타인지 과정과 공부, 다방면의 지식들이 퍼즐처럼 맞춰지고 있는 것 같습니다. 물론 앞으로도 노잼과 인고의 과정이 기다리고 있겠지만, 지금 하는 모든 일이 결국 더 큰 결실로 돌아올 것임을 알기에 멈출 수 없습니다.

더 잘되어서, 잘되는 만큼 베풀고, 하고 싶은 일을 맘껏 하며 즐기고 싶습니다. "시작은 미약하나 끝은 창대하리라." 처음부터 다 잘하고 완벽한 사람은 없습니다. 성공했다고 불리는 사람들도 그 자리에 오르기 위해 밑바닥부터 촘촘히 쌓아온 과정이 있었을 것이며, 그 과정은 결코 화려하지 않았을 것입니다.

저에게 성공이란 보람을 느끼며 일하는 것, 그리고 나의 능력치만큼 버는 것입니다. 만약 돈만을 위해 일했다면, 이 정도로 열정을 쏟지는 못했을 것입니다. 더 사업성이 좋은 분야를 찾아 매진했다면 돈은 더 많이 벌었을지도 모릅니다. 그럼에도 불구하고 7년 동안 흔들리지 않고 한 우물만 파며 이 일을 이어올 수 있었던 이유는 이 일에 대한 애정 때문입니다.

그동안 자기 탐구의 시간을 많이 가져왔지만, 제가 가장 행복하고 원하는 일이 무엇인지에 대한 답은 항상 같았습니다. 피아노를 가르치는 것. 그것이 바로 저의 길이자, 제가 가장 사랑하는 일입니다.

내게 있어 성공이 의미하는 것

클래식 피아노라는 분야는 참 쉽지 않고, 시간이 오래 걸리며, 비전이 좋다고 말하기 어려운 점도 많습니다. 하지만 저는 이 일이 가장 좋아하는 일이자, 가장 잘할 수 있는 일이라고 믿습니다. 무엇보다 음악이 가진 힘을 믿고, 음악 교육의 가치를 신뢰하며, 할 수 있는 한 최선을 다해 끝까지 해보고 싶습니다.

운영이 어려웠던 시절, 저는 "잘 가르치기만 하면 학원이 잘 된다"는 생각에 확신에 차 있었습니다. 학원 운영에 필요한 공부를 따로 해야겠다는 생각 자체를 하지 않았고, 그 필요성조차 느끼지 못했습니다. 그러면서 "왜 이렇게 열심히 하는데도 운영이 나아지지 않을까?"라는 의문을 품으며 외부 환경에만 탓을 돌렸습니다.

하지만 운영과 관련된 공부를 미친 듯이 하고, 지금도 계속 배우고 있는 현재의 제가 과거의 저를 돌아보면, 오만하고 얕았으며, 하나만 알고 둘은 몰랐던 사람이라는 걸 깨닫습니다. 그 당시 저는 무식함이 가장 큰 위험이라는 사실을 모르는 사람이었습니다. 제대로 된 브랜딩과 마케팅 책을 단 5권만이라도 읽어봤더라면, 브랜딩과 마케팅이 왜 선택이 아닌 필수인지, 그리고 왜 학원 운영에서 반드시 필요한지 바로 알았을 것이라는 생각이 듭니다.

아직도 동종 업계의 많은 선생님들께서는 브랜딩과 마케팅을 상업적인 활동으로만 생각하고, 예술가이자 교육자로서의 정체성과 상충되는 개념이라고 느끼시는 것 같습니다. 저 역시 과거에는 그 누구보다도 그런 사람 중 하나였습니다. 그 마음을 누구보다 잘 이해하기에 더 안타깝고 속상합니다. 하지만 한발 먼저 깨우친 사람으로서, 제가 알게 된 것들을 다른 분들께도 전하고 싶습니다. 결국, 피아노 학원의 가치를 높이는 데 성공하고 싶다는 목표 때문입니다.

브랜딩이란 업의 본질을 고찰하여 '우리 학원다움'을 정의 내리는 과정입니다. 우리 학원만의 가치를 담아내는 작업이고, 마케팅은 그 가치를 타겟 고객에게 효과적으로 설득하고 어필하는 방법을 배우는 것입니다. 이것을 깨닫고 나니, "그럼 당연히 해야 하는 거네?"라는 생각이 들었습니다.

부끄럽게도, 저는 한때 "티칭만 잘하면 된다"고 믿었던 사람입니다. 지금도 티칭이 가장 중요하다는 사실은 변하지 않았고, 앞으로도 변하지 않을 것입니다. 하지만 슬프게도, 티칭만으로는 이 업을 통해 보람을 느끼고, 안정적인 수익을 얻으며 행복하게 일할 기회 자체를 얻기 어려운 현실이 되어가고 있습니다. 이는 단순한 추측이 아니라 현실입니다.

출생률 저하와 학원의 과포화 상태는 누구나 아는 문제이며, 운영이 어려운 학원과 자영업 폐업률이 기하급수적으로 늘어나고 있다는 점은 잠깐만 통계 자료를 찾아봐도 알 수 있는 사실입니다. 이런 상황에서 학원 운영의 어려움을 타개하기 위해서는 단순히 가르치는 데 그치지 않고, 학원을 운영하고 브랜딩하며, 가치를 전달하는 데 대한 깊은 고민과 준비가 필요합니다.

결국, 지금의 현실을 이해하고 대응하는 노력 없이는 우리가 사랑하는 이 업에서 지속 가능성을 찾기가 점점 더 어려워질 것입니다. 하지만 저는 여전히 음악과 피아노 교육이 가진 가치를 믿고, 그것을 지키기 위해 제가 할 수 있는 모든 노력을 기울일 것입니다.

내 업의 격을 높이는 법

무엇보다 제가 가장 잘할 수 있는 일을 하는 것이 중요하다고 생각합니다. 아이들뿐만 아니라 어른들에게도 마찬가지입니다. 누군가는 가르치는 것을 좋아하고, 누군가는 배우는 것을 좋아합니다. 중요한 것은 자신이 가진 핵심 가치를 발견하는 것입니다.

저는 이플피아노가 하나의 브랜드라면, 그 브랜드가 지켜야 할 Do's & Don'ts가 있어야 한다고 생각했습니다. 왜냐하면 브랜드로 자리 잡은 학원은 개인의 카리스마나 능력만으로 완성되는 것이 아니라, 그 브랜드가 전달하는 가치를 통해 완성된다고 믿기 때문입니다.

예를 들어, 배달의민족에서 만든 '송파구에서 일 잘하는 10가지 방법' 중 첫 번째 항목은 '9시 1분은 9시가 아니다'였습니다. 이 문구는 단순히 지각하지 말라는 의미를 넘어서, 함께 일하는 사람들에게 피해를 주지 않는다는 약속을 지키자는 깊은 의미를 담고 있습니다.

이처럼, 이플피아노도 브랜드로서 전달해야 할 가치와 지켜야 할 원칙이 무엇인지 끊임없이 고민하고 있습니다. 브랜드는 단순히 서비스를 제공하는 것을 넘어, 고객과 직원, 그리고 학원과 관련된 모든 이들에게 신뢰와 가치를 전달하는 데 그 진정한 의미가 있다고 생각합니다. 이를 기반으로, 이플피아노가 아이들에게 더 나은 음악 교육과 감성적 경험을 제공하는 공간이 될 수 있도록 꾸준히 노력하고 있습니다.

어떤 학원이 좋은 학원일까?

만약 운영에 어려움을 느끼는 피아노 학원 원장님들을 만나고, 제가 그분들의 가려운 곳을 해결해드릴 수 있다면, 저 또한 하나의 브랜드가 될 수 있지 않을까 생각합니다. 이는 제가 지난 7년간 학원을 운영하며 쌓은 경험을 통해 다른 원장님들의 필요를 가장 잘 이해할 수 있게 되었기 때문입니다.

제가 가장 중요하게 생각하는 가치는 '마인드'입니다. 부정적인 생각을 가진 분들에게는 아무리 많은 것을 가르쳐 드려도 실천이 되지 않았습니다. 반면, "어떻게든 해보겠다"는 긍정적인 마인드를 가진 분들은 크든 작든 반드시 성과를 이루어냈습니다. 열정, 사명감, 그리고 긍정적인 마인드가 성공의 핵심이라고 믿습니다. 특히, 자신이 하는 일이 아이들이나 세상에 어떤 이로움을 준다고 생각하는 분들은 결과에서 확연히 다른 모습을 보여주었습니다.

저는 아이들에게 정말 좋은 선생님이 되고 싶습니다. 그래서 아이들에게 피아노를 배우기에 가장 좋은 환경을 만들어주고 싶습니다. 그러나 현실적인 제약과 운영의 어려움 때문에 속상해 하시는 분들이 참 많습니다. 특히, 어떻게든 학원을 살려야겠다고 절박하게 생각하는 원장님들을 보며, 저 역시 오랫동안 고민했습니다. 어떤 학원이 가장 좋은 학원일까? 어떤 피아노 학원이 더 훌륭한 학원일까?라는 질문을 스스로에게 던졌습니다.

제가 내린 결론은, 가장 중요한 것은 음악이 주는 즐거움을 아이들에게 전달하는 것이라는 것입니다. 피아노 학원이 해야 할 가장 중요한 일은 피아노가 줄 수 있는 즐거움을 아이들에게 어떻게 효과적으로 전달할지를 고민하는 것입니다. 음악을 통해 아이들이 기쁨을 느끼고, 스스로 성장할 수 있는 경험을 제공하는 학원이야말로 진정으로 훌륭한 학원이라고 생각합니다.

현실적인 어려움을 극복하며, 피아노 학원이 아이들에게 음악의 가치를 전달하는 공간이 될 수 있도록 돕는 것이 제가 원장님들과 함께 나누고 싶은 비전입니다. 학원을 운영하며 쌓은 저의 경험과 노하우가 조금이라도 다른 원장님들께 도움이 된다면, 그리고 그것이 아이들에게 더 나은 환경을 제공하는 결과로 이어진다면, 그 자체로 저에게 큰 보람이 될 것입니다.

내일의 아침이 기다려질 때

요즘 들어 출근이 싫다는 생각이 부쩍 줄었습니다. 일이 즐겁고, 하루하루가 감사할 따름입니다. 학원에 내 집처럼 편안하게 들어오는 아이들, 온몸으로 음악을 느끼며 연습하는 아이들, 친구들과 꺄르르 웃으며 즐겁게 이야기하는 아이들, 도레미도 모르던 아이가 어느새 실력이 늘어 멋지게 한 곡을 연주해내는 모습, 엄마에게 보여주고 싶다며 악보를 들고 가는 아이들. 또, 아이들을 내 일처럼 열심히 사랑으로 지도해주시는 선생님들, 학원을 믿고 보내주시며 아낌없는 응원을 주시는 학부모님들까지, 이 모든 순간이 참 소중하고 감사하게 느껴집니다.

제가 현재를 이렇게 감사할 수 있는 건, 아마도 지난 힘든 시기들이 있었기 때문인 것 같습니다. 그때는 세상이 무너질 것만 같았지만, 결국 그 시기가 저를 더 단단하게 만들었고, 내가 어떤 삶을 살아야 하는지, 나는 누구인지 더 분명히 알게 해줬습니다. 다시 돌아가고 싶지는 않지만, 꼭 필요한 시간이었음을 느낍니다. 지금은 사랑스러운 아이들과 음악 속에서 행복을 느끼며 함께 성장하고 있습니다. 이플이라는 나무에 다채로운 열매가 맺히듯, 머릿속에는 온갖 아이디어와 계획들로 가득합니다.

첫 번째로, 이플의 EQ 영재반 커리큘럼을 더욱 체계화하고 고도화하여 정말 좋은 교육 프로그램으로 발전시키고자 합니다. 음악으로 감정을 배우고, 아이들이 행복하고 마음이 건강한 아이로 자랄 수 있도록 돕는 피아노 교육 프로그램을 꼭 잘 만들어내고 싶습니다. 물론 아직 부족함도 많고, 시행착오를 겪는 단계에 있지만, 제대로 된 교육 프로그램을 만드는 일이 쉽지 않음을 알고 있습니다. 쉬웠다면 누구나 했겠지요. 이제부터 진정한 시작이라고 생각하며, 아이들에게 도움이 되는 프로그램을 완성해나갈 것입니다.

두 번째로, 음악 학원 운영뿐만 아니라 제 개인적인 역량을 키워 피아노 교육의 가치를 높이는 데 기여하는 사람이 되고 싶습니다. 우연히 한 선생님의 개원을 도왔던 계기로 음악학원 운영 컨설턴트로서도 도전하게 되었습니다. 음악 학원의 브랜딩, 마케팅, 티칭법, 운영 노하우 등 학원 운영에 필요한 모든 것을 알려주는 온라인 스터디 교육도 진행하고 있습니다.

스터디를 통해 투철한 사명감과 애정을 가지고 아이들을 지도하시는 선생님들을 만날 때마다 큰 의지를 얻고, 전국에 이렇게 멋진 피아노 선생님들이 많다는 사실이 자랑스럽습니다. 제가 하고 있는 일이 조금이나마 그분들에게 도움이 되고, 나아가 피아노 교육의 가치를 높이는 데 기여할 수 있기를 바랍니다. 앞으로도 음악과 교육을 통해 더 많은 사람들이 행복해질 수 있도록 최선을 다하겠습니다.

내 업의 가치를 높이고 싶은 꿈

피아노 교육의 가치를 높이고, 그 위상을 드높이고 싶다는 저의 큰 목표를 향해 목소리를 내기까지는 정말 많은 용기가 필요했습니다. 저보다 훨씬 훌륭하고 연륜 있는 선생님들이 많고, "내가 말한다고 누가 관심을 갖고 들어주기나 할까?"라는 생각도 들었습니다. 한편으로는 교수님들이나 교육 전문가분들이 언젠가 피아노 교육의 중요성을 언급해 주기를 기다리고 바라기도 했습니다.

하지만 문득, 그런 이야기를 꼭 특정한 사람이 해야 하는 걸까?라는 생각이 들었습니다. 필요성을 느끼는 사람이면 누구든 얘기할 수 있는 것 아닐까? 실제로 학원을 운영하며 고충을 겪고, 현재 피아노 교육에 대한 인식이 어떤 상황인지 현실에서 절실하게 체감하고 있는 사람의 말이야말로 더 설득력이 있지 않을까 싶었습니다.

어떤 선생님들은 저에게 "피아노에 흥미 없는 아이들을 어떻게 가르치냐"고 묻곤 합니다. 어떤 분들은 "아이들이 레슨은 싫어하면서 특강날만 좋아한다"고 하소연하시기도 합니다. 이런 상황에서 저는 늘 '내가 본질에 집중하고 있는가?'를 스스로 돌아보아야 한다고 생각합니다.

예를 들어, 외국에서 태권도는 단순한 무술이 아니라 교육과 수련의 과정으로 이해되고 있습니다. 매일 말썽만 피우던 아이가 외국인 어머니 앞에서 큰 절을 하니, 그 어머니는 눈물을 글썽이셨다는 이야기를 들은 적이 있습니다. 그렇다면, 우리는 태권도 교육의 본질이 무엇인지 한 번쯤 생각해볼 필요가 있습니다. 어쩌면 태권도의 본질은 발차기가 아닐 수도 있습니다. 태권도는 누군가를 때리기 위한 무술이 아니라, 사람을 존중하고 예의를 배우는 정신 수양의 과정일지도 모릅니다.

이와 마찬가지로, 피아노 교육의 본질은 단순히 악기를 연주하는 기술을 가르치는 데 있는 것이 아닙니다. 음악을 통해 아이들에게 즐거움을 주고, 성취감을 느끼게 하며, 정서적으로 성장할 수 있는 기회를 제공하는 데 그 의미가 있다고 생각합니다. 아이들에게 음악이란 단순히 곡을 연주하는 것을 넘어, 자신의 감정을 표현하고, 삶의 다양한 순간을 풍요롭게 만들어주는 도구라는 사실을 전달하는 것이 피아노 교육의 본질 아닐까요?

결국, 우리가 가르치는 것은 단순한 기술이나 행동이 아니라, 그 이면에 있는 더 큰 가치를 전달하는 과정이라는 점을 항상 잊지 말아야 합니다.

성인들을 위한 최고의 취미 생활

책의 맨 앞에서 이야기했듯이, 저는 피아노를 가르치는 것이 직업인 사람이지만, 동시에 피아노가 삶에 얼마나 큰 도움을 줄 수 있는지를 일상 속에서 체감하고 있는 산증인이기도 합니다. 어떤 일을 하든, 인생은 결코 녹록지 않은 것 같습니다. 직장인이라면 과도한 업무와 상사, 동료와의 관계로 힘들 수 있고, 자영업자는 매달의 매출과 지출을 걱정하며 진상 손님들을 상대해야 하는 어려움을 겪습니다. 사업을 한다고 해도 마찬가지로 수많은 고민과 도전에 직면해야 할 것입니다.

이런 현실을 당장 드라마틱하게 변화시키는 것은 어렵겠지만, 삶의 낙이 되어줄 취미생활 하나쯤은 가질 수 있지 않을까요? 하루에 단 20~30분이라도 내 마음을 진정시키고 안정시킬 수 있는 시간이 있다면, 그렇지 않을 때보다 훨씬 더 의미 있고 행복한 일상이 될 것입니다. 현재 힐링이 필요하다고 느끼시거나, 온전히 나를 위한 집중의 시간을 원하신다면, 피아노를 배워보실 것을 추천드립니다.

실제로 우리 성인 클래스 수강생분들께서는 피아노 수업을 "한 주의 가장 소중한 시간"이라거나, "직장인 나에게 빛과 소금 같은 시간"이라고 표현하시곤 합니다. 3년 넘게 수강 중이신 한 분께서는, 예전에는 많이 어둡고 무기력하다는 이야기를 듣곤 했는데, 피아노를 배우고 난 뒤 감정적으로 안정되고 밝아졌다는 말을 자주 듣는다고 하셨습니다. 또 다른 분께서는 직장생활에서 생긴 스트레스를 피아노 연주를 통해 해소하며, 정말 큰 위로를 받았다고 말씀하셨습니다.

일상 속에 음악이 함께한다면, 우리의 삶은 훨씬 더 풍요로워질 수 있습니다. 마음이 맞는 선생님과 함께 꾸준히 배우며 피아노를 평생의 취미로 삼는 분들이 더 많아지기를 바랍니다. 인생의 황혼기에 접어들었을 때, 내 마음을 터놓을 수 있는 반려악기 하나만 있어도 얼마나 큰 위로가 될까요?

"연주 속에는 그 사람의 인생과 내면이 반영된다"는 말이 있습니다. 사람들에게 깊은 울림과 감동을 주는 연주를 할 수 있는 취미를 가진 분들이 더 많아지기를 진심으로 소망합니다. 음악은 단순한 취미를 넘어, 삶의 동반자이자 내면의 위로가 되어 줄 것입니다.

부록

1. 티칭
2. 운영노하우
3. 브랜딩
4. 마케팅

1. 티칭

좋은 요리사가 되려면 다양한 기술을 익히고, 향료나 양념을 어떻게 사용해야 하는지 알아야 합니다. 하지만 그보다도 더 중요한 것은 질 좋은 식재료를 준비하는 것입니다. 그렇다면 선생님으로서의 "재료"는 무엇일까요? 아이에 대한 애정, 좋은 목소리, 관찰력, 끊임없는 공부, 연주자로서의 모습, 판단력, 그리고 질 높은 교수법 등이 아닐까 싶습니다.

제가 생각하는 선생님의 역할은, 학생들이 그들 자신만의 음악적 표현력을 발견할 수 있도록 도와주는 것입니다. 한 번은 전 세계 최고의 교사들의 공통점에 대한 글을 본 적이 있습니다. 그들의 공통점은 모두 교육 목표가 분명하고, 높은 수준의 계획력을 가지고 있었다는 것이었습니다.

저 역시 아이들과의 하루하루 레슨이 철저하게 계획된 목표 아래 이루어져야 한다고 믿습니다. 명확한 목표를 설정하고, 그 목표를 향해 한 걸음씩 나아가는 과정을 통해 아이들이 자신의 음악적 가능성을 발견하고, 표현력을 키워갈 수 있도록 돕는 것이 선생님으로서 제가 해야 할 가장 중요한 일이라고 생각합니다.

1) 좋은 연주와 티칭은 완전히 다르다

이것은 개인레슨이 아닌, 피아노 학원이라는 시스템 안에서 수업해야 하는 우리에게 매우 중요한 부분이라고 생각합니다. 한정된 시간 동안 최고의 효율로 아이들의 실력을 키우려면, 단 1분도 막연하게 레슨해서는 안 됩니다. 그래서 저는 아이 한 명 한 명에게 적어도 그 주에는 무엇을 가르칠지, 어디까지 진도를 나갈지, 다음 곡은 어떤 곡을 선정할지에 대한 큰 틀을 항상 세워놓습니다.

저는 연주를 잘하는 것과 티칭을 잘하는 것은 완전히 다른 영역이라고 생각합니다. 예를 들어, KB손해보험 스타즈 배구단 감독이자 스페인 남자 배구 국가대표팀 감독이었던 미겔 리베라 감독은 선수 경력이 없는 비선출 지도자임에도 불구하고, 전력 분석에 기반한 전술적 전략으로 뛰어난 코칭 실력을 인정받았습니다. 이는 단순한 선수 경력이 아닌, 체계적인 전략과 전문적인 지도 능력이 얼마나 중요한지를 보여줍니다.

마찬가지로, 저는 광범위한 티칭을 오랜 시간 공부하며 배우고, 정립하는 과정을 거쳐 나만의 티칭 툴을 공식화했습니다. 이를 통해 모든 아이들에게 큰 틀 안에서 체계적이고 일관된 티칭을 제공합니다. 제 목표는 뒤죽박죽한 레슨이 아닌, 통일성이 있고 다음 단계로 자연스럽게 이어지는 레슨을 추구하는 것입니다.

아이들이 체계적으로 성장할 수 있는 환경을 만들기 위해, 저는 항상 계획적이고 전략적인 접근을 중요하게 생각하며, 피아노 교육이 단순한 기술 전수 이상의 의미를 가지도록 최선을 다하고 있습니다.

2) 피아노 티칭 실력을 기르는 방법

저는 수많은 티칭법 중 하나의 방법만이 옳다고 여기지 않습니다. 특정 방법을 무시하기보다는, 두 가지, 세 가지 방법을 적절히 혼합하여 상황에 맞게 활용할 줄 알아야 한다고 생각하기 때문입니다.

예를 들어, 아이들에게 곡을 가르칠 때 가장 먼저 해야 할 일은 그 곡에 대한 소리의 아이디어를 분명히 가지는 것입니다. 그리고 그 소리를 낼 수 있는 구체적인 방법을 아이들에게 제시해야 합니다. 이때, 아이들의 눈높이에 맞춰 이해할 수 있는 표현법을 연구하는 것이 중요합니다. 소리를 이미지화하거나, 노래를 불러주거나, 나만의 스토리텔링을 통해 아이들이 자연스럽게 느끼고 이해할 수 있도록 도와줍니다.

진정한 티칭 실력을 기르기 위해서는 단발성 세미나 참석, 악보 필기 자료 활용, 유튜브 레슨 영상 시청에만 의존해서는 안 된다고 생각합니다. 무엇보다도 악보를 보며 어떤 소리를 내야 하는지, 그 소리를 내기 위해 몸을 어떻게 사용해야 하는지에 대한 '큰 원리'를 이해하는 공부가 훨씬 더 중요합니다.

음악은 '소리(音, 음)를 즐긴다(樂, 락)'는 뜻을 가지고 있습니다. 단순하고 획일적인 주입식 교육이 아닌, 아이들이 가진 음악성을 발굴하고, 자기 내면의 감정을 느끼며 음악을 통해 표현할 수 있도록 돕는 것이 좋은 피아노 레스너의 역할이라고 생각합니다.

그래서 저는 스스로에게 늘 질문합니다. "과연 나의 레슨은 음악 교육의 본질에 부합하고 있는가?" 이 질문을 반복하며, 제 티칭이 아이들에게 진정으로 의미 있는 음악적 경험을 제공하고 있는지 끊임없이 점검하고자 합니다. 음악 교육의 본질은 단순히 연주 기술을 가르치는 것이 아니라, 아이들로 하여금 음악을 통해 자신을 발견하고 표현하며, 삶의 풍요로움을 느낄 수 있도록 돕는 데 있다고 믿습니다.

2. 운영 노하우

　선생님들께서 저에게 자주 주시는 질문 중 하나는 교재와 레슨 시스템에 관한 것입니다. 하지만 저는 무슨 교재를 사용하는지보다 중요한 것은, 아이들을 어떤 방향성으로 지도하고 싶은지를 분명히 하는 것이라고 생각합니다. 어떤 교재도 100% 내 마음에 쏙 들 수는 없습니다. 레슨 시스템 역시 마찬가지입니다. 내가 원하는 레슨 방향성과 우리 학원이 위치한 상권에 맞는 시스템을 정해야지, 무조건 소수 정원제만 지향하는 것이 반드시 최선은 아닙니다.

　사실 저도 운영을 시작하기 전에는 소수 정원제 시스템이 제게 가장 잘 맞는다고 생각했습니다. 아이들에게 제대로 레슨을 해주고 싶다는 욕심이 컸기 때문입니다. 그러나 막상 운영을 해보니, 레슨 시간이 길다고 해서 반드시 실력이 좋아지는 것은 아니라는 것을 깨달았습니다. 아이들의 집중 시간은 '자기 나이 x 1분'이라는 말처럼, 오히려 짧은 시간 안에 효과적으로 실력을 올릴 방법을 연구하다 보니 아이들의 성장이 더 빠르게 이루어졌습니다. 운영을 시작하고 나서야 비로소 저는 많은 아이들과 함께할 때 훨씬 더 에너지를 얻는 사람이라는 것을 알게 되었습니다. 실제로 운영을 해봐야 알게 되는 것들이 참 많습니다.

1) 믿음을 쌓아가는 노력

저는 T 성향이 강한 사람이라 섬세하게 하나하나 챙기는 것에는 약한 편입니다. 전형적인 형 같은 누나 스타일의 성격이라 예쁘고 따뜻하게 말하는 것도 어렵습니다. 그래서 제가 최선을 다하는 부분은 아이들의 변화에 최대한 관심을 가지는 것과 아이들이 노력해서 성장했을 때 아낌없이 칭찬하는 것입니다. 이 두 가지는 제가 가장 신경 쓰는 부분입니다. 또한, 학부모님들께 학원의 교육 철학을 분명히 전달하고, 그 철학을 실제로 느끼실 수 있도록 많은 노력을 기울이고 있습니다. 감사하게도 학부모님들께서는 제 교육 철학을 믿고 응원해주고 계십니다.

2) 감정 교육이 필요한 이유

아이들의 감정 교육에 관심이 생기면서 감정 코칭 전문 강사 과정을 수료했습니다. 이 과정을 통해 많은 것을 깨닫고 배울 수 있었습니다. 그중에서도 가장 큰 깨달음은 아이들의 모든 행동에는 이유가 있다는 것입니다. 이전에는 아이들이 문제 행동을 하거나 이해되지 않는 행동을 하면 답답하거나 화가 나곤 했습니다. 그러나 이제는 "이 아이가 왜 이런 행동을 할까?"라는 질문을 중심에 두고 접근합니다.

예를 들어, 아이가 갑자기 울거나 화를 낸다면 그 이유는 불안함 때문일 수도 있고, 완벽주의 성향 때문일 수도 있습니다. 아직 감정을 표현하는 방법을 몰라 행동으로 보여주는 경우도 많습니다. 이런 관점을 갖게 된 후, 저는 모든 아이들을 더 잘 이해하고, 더 포용력 있는 선생님이 될 수 있었습니다. 감정 교육은 단순히 아이들의 행동을 이해하는 것을 넘어, 아이들이 건강한 방식으로 자신을 표현하고 성장할 수 있도록 돕는 중요한 과정이라고 생각합니다.

3) 강사 관리의 노하우

강사 선생님들을 관리하는 것도 많은 원장님들께서 어려워하시는 부분 중 하나입니다. 저 역시 쉽지 않다고 느꼈습니다.

그러다 한 책에서 "당신의 직원의 취향, 삶의 가치관, 좋아하는 음식과 장소를 알고 있는가?"라는 문구를 보았습니다. 이 문장은 강사님들도 단순히 함께 일하는 직원이 아니라, 사람 대 사람으로 애정 어린 관심을 가져야 한다는 것을 깨닫게 해주었습니다.

또한, 원장은 강사들에게 비전을 제시할 줄 알아야 합니다. 강사님들이 원장을 보며, "이 학원에서 일하면 배울 점이 많고, 내가 성장할 수 있겠구나"라는 기대감을 가질 수 있어야 합니다. 이는 단순히 좋은 근무 환경을 제공하는 것을 넘어, 원장 자신이 닮고 싶은 사람, 배울 점이 많은 사람이 되는 것을 의미합니다.

제가 강조드리고 싶은 것은 독서입니다. 제가 성장하는 데 가장 큰 뿌리가 되어준 것도 독서였습니다. 리더십이 부족하다고 느끼면 리더십 책을, 마케팅이 어렵다면 마케팅 책을 읽습니다. 그렇게 읽고 생각하며 실천하는 과정을 반복하다 보면, 분명 지금보다는 더 나은 내가 되어가는 모습을 볼 수 있을 것입니다.

결국, 학원의 운영은 단순히 기술적 노하우를 넘어서, 사람에 대한 이해와 배려를 바탕으로 이루어진다고 생각합니다. 교재와 커리큘럼, 감정 교육, 강사 관리 모두가 연결되어 학원의 가치를 만들어가는 중요한 요소들입니다. 저는 이 과정에서 계속 배우고 성장하며, 아이들과 학부모님들, 그리고 강사님들에게 더 좋은 환경을 제공하기 위해 노력할 것입니다.

3. 브랜딩

'브랜딩'이라는 단어를 들었을 때 무엇이 떠오르시나요? 아마 많은 선생님들께서는 브랜딩이라는 개념이 막연하게 느껴지고, 한 문장으로 정의하기 어려우실 것입니다. 하지만 저는 브랜딩을 이야기하기 전에, 브랜딩과 마케팅에 대한 오해, 그리고 사업가적인 마인드를 갖고 운영하면 세속적이라는 인식 자체를 깨는 것이 중요하다고 생각합니다.

예를 들어, 백종원 대표님은 훌륭한 사업가이시지만, 그 능력을 통해 많은 자영업자들에게 선한 영향력을 미치고 계십니다. JYP도 아이돌이 되고 싶어 하는 사람들의 꿈을 실현하도록 돕고 있습니다. 이 과정에서 수익을 창출하는 것은 당연한 일입니다. 그리고 무엇보다도, 운영이 어려워진다면 선생님들께서 교육자로서 제공하고자 하는 가치를 실현할 기회조차 얻을 수 없게 됩니다. 만약 매달 월세와 지출이 걱정된다면, 밝고 긍정적인 에너지로 아이들을 가르치는 것이 가능할까요?

1) 브랜딩 공부가 필요한 이유

저는 매달 수익의 일정 부분을 교육과 학원에 대한 투자로 사용합니다. 이를 통해 나 자신도, 학원도 계속해서 제자리걸음이 아닌 성장과 발전을 이루어내고 있습니다. 아이들에게 더 좋은 교육과 환경을 제공하려면 안정적인 운영 체계를 잡는 것이 필수입니다. 그래서 브랜딩 공부는 선택이 아니라 필수라고 생각합니다.

2) 브랜딩이란 무엇인가?

브랜딩을 한 문장으로 말하자면, 우리 학원의 브랜드를 고민하고, 가치를 찾아 만들어가는 과정입니다. 모든 선생님들께서는 학력도 좋으시고, 열심히 하십니다. 하지만 현실은 피아노 학원이 과포화 상태에 있으며, 출생률은 계속해서 줄어들고 있습니다. 이런 상황에서 학원이 살아남으려면, 우리 학원만의 정체성을 반드시 찾아야 합니다. 그것을 찾아가는 과정이 바로 브랜딩입니다.

3) 우리 학원의 존재 이유를 찾는 것

사람들은 단순히 제품 자체를 사는 것이 아닙니다. 브랜드의 역사, 스토리, 명성을 삽니다. 그렇다면 많고 많은 학원 중에 왜 고객들이 우리 학원을 선택해야 하는지를 설득할 수 있어야 합니다. 이 이유가 분명하지 않다면 고객의 마음을 얻는 것은 어렵습니다.

우리 학원이 잘 되는 것만으로는 부족합니다. 현재는 나 혼자 잘된다고 상황이 달라지지 않습니다. 음악학원의 위상을 높이기 위해서는 전체적인 변화가 필요합니다. 꾸준한 가치 입증을 통해 오래도록 인정받는 고퀄리티 음악 학원이 많아지고, 음악 교육의 위상이 다시금 부활하기를 간절히 바랍니다.

오랫동안 양질의 음악 교육을 위해 공부하고 노력해온 선생님들께서, 그 능력을 인정받으며 안정적이고 행복하게 운영할 수 있어야 하지 않을까요? 우리 학원의 존재 이유를 찾고, 독보적인 학원으로 자리 잡기 위해서, 나아가 음악 학원의 위상을 높이기 위해서라도 브랜딩 공부를 시작해야만 합니다.

브랜딩은 단순히 학원의 이미지나 마케팅 전략을 세우는 것이 아닙니다. 그것은 우리가 왜 이 일을 하고 있는지, 아이들과 학부모들에게 어떤 가치를 전달하고 싶은지를 스스로 정의하고, 그 가치를 꾸준히 전달하며 인정받는 과정입니다. 브랜딩을 통해 우리는 피아노 교육의 가치를 높이고, 더 많은 사람들에게 음악의 힘을 전달할 수 있을 것입니다.

4. 마케팅

많은 선생님들께서 마케팅을 "우리 학원을 알리는 것"이라고 생각합니다. 하지만 마케팅은 단순히 "우리 학원 여기 있어요!"라며 위치를 알리는 것이 전부가 아닙니다. 마케팅이란 우리 학원을 좋아하게 만들고, 신뢰하게 만드는 모든 행위를 말합니다. 몇몇 선생님들께서는 학생이 너무 없어서 홍보한다고 생각할까 봐, 혹은 너무 나댄다고 보일까 봐 홍보를 망설이십니다. 그러나 우리가 우리 학원을 알리지 않으면, 누가 알아줄까요? 우리 학원의 가치를 누가 대신 소문내줄까요?

1) 마케팅이 필수인 이유

마케팅은 이제 모든 업종에서 필수적인 시대가 되었습니다. 불과 10~20년 전만 해도 홍보 없이 입소문만으로 운영이 가능하던 시절이 있었습니다. 당시에는 지금처럼 피아노 학원이 많지도 않았고, 출생률도 뒷받침되었으며, 피아노 학원의 인기도 많았습니다. 그러나 지금은 상황이 완전히 달라졌습니다. 피아노 학원이 과포화 상태에 이르고, 출생률도 급격히 감소하며 상황이 정반대로 변했습니다.

2) 우리 학원만의 정체성을 담아내는 것

회사 설립 후 5년 이내에 폐업할 확률은 약 90%에 이른다고 합니다. (이 비율이 50% 아래로 떨어진 적은 없다고 하죠.) 그렇다면 폐업의 이유가 단순히 실력이나 능력이 부족해서만일까요? 가르치는 기술에 능숙한 것과 사업 운영에 능숙한 것은 전혀 다른 문제입니다. 정말 맛있고 친절했던 동네 식당이 어느 순간 사라지는 것을 보신 적이 있을 겁니다. 그 이유는 사람들이 그 식당의 존재를 몰랐기 때문입니다.

우리 학원의 가치를 가장 잘 알릴 수 있는 사람은 바로 우리입니다. 우리 학원이 왜 독보적인지, 아이들이 우리 학원에서 배워야 하는 이유가 무엇인지 명확히 전달해야 합니다. 저는 한 명의 아이라도 더 많은 아이들이 즐겁고 제대로 된 피아노 교육을 받을 수 있었으면 좋겠습니다.

마케팅은 단순한 홍보나 일회성 이벤트가 되어서는 안 됩니다. 마케팅 과정 속에 우리 학원만의 브랜드 정체성을 잘 담아내야 합니다. 이제는 "나는 실력으로 승부하겠다"라는 전략만으로는 통하지 않는 시대가 되었기 때문입니다.

3) 우리 고객의 구매 여정을 아시나요?

많은 학원이 아래와 같은 방식으로 홍보를 하고 있습니다.

- 피아노 전공 원장님과의 1:1 레슨
- 개개인의 특성을 고려한 맞춤 지도
- 기초부터 전공까지 꼼꼼하고 체계적인 레슨
- 쉽고 즐겁게 배우는 피아노
- 주 5회/주 3회/주 2회 수업 선택 가능
- 기초반/입시반/성인반

하지만 이러한 홍보 문구는 옆 학원, 그리고 그 옆 학원에서도 똑같이 사용하고 있습니다. 과연 이런 홍보로 고객들에게 우리 학원을 다녀야만 하는 이유를 충분히 설득할 수 있을까요?

소비자의 구매 심리를 설명하는 AIDA 모델을 활용해 봅시다.

첫 번째 단계는 Attention(주목)입니다. 고객이 처음으로 우리 학원을 알게 되는 순간입니다. 두 번째 단계는 Interest(흥미)입니다. 고객이 우리 학원에 관심을 가지는 단계죠. 하지만 이 과정에서 마케팅이 제대로 이루어지지 않는다면, 고객은 우리 학원에 주목해주었던 순간을 지나 다른 곳으로 넘어가게 됩니다. 세 번째 단계는 Desire(욕구)입니다. 고객이 우리 학원에서 배우고 싶다는 마음을 갖게 되는 단계입니다. 마지막 단계는 Action(행동)으로, 실제로 학원에 등록하는 것입니다.

고객이 처음 우리 학원에 관심을 가질 때부터, 욕구를 느껴 행동으로 옮기기까지의 과정을 치밀하게 설계해야만, 마케팅이 효과를 발휘할 수 있습니다.

4) 주변의 사례를 살펴보세요

마케팅이 어렵고 감이 잡히지 않으신다면, 지금 당장 주변의 타 학원, 운동센터, 맛집, 카페 등을 검색해보세요. 어떤 곳에 관심이 가고, 가보고 싶은 마음이 들었나요? 그 가게는 어떻게 마케팅을 하고 있었나요? 플레이스, 블로그, 인스타그램, 실제 매장의 모습 등에서 어떤 점이 특별하고 진정성 있게 느껴졌나요?

마케팅은 단순히 "우리 학원이 여기 있습니다"를 넘어, 고객에게 "왜 우리 학원을 선택해야 하는지"를 설득하고, 그 과정에서 고객이 신뢰와 애정을 느낄 수 있도록 하는 것입니다. 우리 학원만의 가치와 정체성을 마케팅에 담아내야 고객들의 마음을 사로잡을 수 있습니다.

결국, 마케팅은 우리 학원이 단순히 "알려지는 것"을 넘어, 고객에게 신뢰와 감동을 전달하는 중요한 과정입니다. 이를 통해 고객이 우리 학원에 대한 애정을 갖고, 결국 선택하도록 만드는 것이 바로 성공적인 마케팅입니다.

에필로그

    그동안 정말 바쁘게 달려왔습니다. 제가 이뤄내기 위해 노력해 온 과정들을 떠올리면 스스로가 참 뿌듯하고 대견스럽게 느껴집니다. 옆에서 지켜보는 가족들과 지인들은 어떻게 너처럼 계속 달리고, 끊임없이 뭔가를 할 수 있냐고 묻곤 합니다. 그래서 곰곰이 생각해보았습니다. 내가 이렇게 열심히 살아갈 수 있는 원동력은 무엇일까? 하고요. 하기 싫은 건 절대 하지 않고, 관심 없는 분야에 대해서는 진짜 바보 같은 제가 말입니다.

    첫째는 진심으로 하고 싶은 일을 하고 있기에,
    둘째는 간절함이 너무 크기에,

셋째는 목표가 확실했기 때문입니다.

피아노를 가르치는 일이 너무 재미있습니다. 아이들이 초롱초롱한 눈으로 레슨을 즐기는 모습이 느껴지면 저도 덩달아 신이 납니다. 악보도 읽지 못하던 아이가 어느새 한 곡을 멋지게 연주하는 모습을 지켜보는 것은 그 자체로 행복입니다. 전날 밤 연습 방법을 연구하고, 다음날 아이의 문제를 해결해줬을 때 느껴지는 짜릿한 희열은 이루 말할 수 없습니다. 피곤할 때도, 기분이 안 좋을 때도 레슨을 하다 보면 오히려 기분이 좋아지고 힘이 납니다. 이런 게 바로 천직이 아닐까요? 무엇보다 항상 예쁘고 바른 아이들, 그리고 믿어주시고 응원해주시는 좋은 학부모님들과 성인 수강생분들 덕분에 이렇게 보람과 행복을 느끼며 일할 수 있었습니다.

예전에 누군가 피아노 연습이 너무 비효율적이고 시간 낭비라고 이야기하는 것을 들었습니다. "한 마디를 잘 치려면 몇 시간, 며칠을 연습해야 하니 너무 쓸데없다"고요. 마냥 틀린 말은 아닐 수 있다고 생각합니다. 하지만 삶의 가치를 어디에 두느냐에 따라 다를 것 같습니다. 노력했던 모든 과정은 결과를 넘어 사람을 성장시키고, 성취감을 느끼게 해주는 귀중하고 가치 있는 시간입니다.

저는 그 괴로운 시간들을 버텨내며 얻은 좋은 기회들이 제 인생을 통째로 바꾼 경험이 많습니다. 무언가를 해냈을 때의 희열감을 느껴본 사람이라면 이 기분을 알 것입니다. 작년 성인 클래스 연주회에서 저는 어쩌면 저 자신이 가장 큰 위로를 받았던 것 같습니다. "피아노가 위로와 행복이 된다", "레슨 받는 날이 너무 즐겁다"는 말을 들을 때마다 더없이 감사하고 행복했습니다. 좋아하는 일, 하고 싶은 일을 하고 있기에 더 잘하고 싶고, 누가 시키지 않아도 공부하고 발전하고 싶어집니다. 그러다 보니 자연스럽게 지금의 제가 되었습니다.

개원을 했을 때부터 한순간도 변하지 않았던 확실한 목표가 하나 있습니다. 그것은 우리 학원에 오는 모든 사람들의 평생 취미가 피아노가 되도록 돕는 것입니다. 평생 취미가 되려면 먼저 즐거워야 하고, 즐거움은 성취에서 비롯됩니다. 그리고 성취는 잘 가르치는 선생님을 만나는 데서 시작됩니다.

물론 고민한다고 해결되지 않는 문제도 있습니다. 예를 들어, 출생률 저하는 제가 해결할 수 있는 문제가 아닙니다. 하지만 제가 할 수 있는 일에 집중하는 것, 그것만이 제가 할 수 있는 유일한 방법입니다. 출생률의 영향을 받지 않는 방법과 시스템을 준비하려고 끊임없이 공부하고, 전문가들과 함께 머리를 맞대고 고민하며 매일매일 계획을 세웁니다.

내년에는 또 어떤 재미있는 일들이 펼쳐질지 벌써 설레고 기대됩니다. 예정된 일들만 해도 하루하루가 치열할 것 같지만, 인생 만족도는 최상입니다. 불과 몇 년 전만 해도 이런 기회가 제게 찾아올 것이라 상상조차 하지 못했습니다. 하지만 매일 열심히 노력하다 보면, 아이들도 그런 저의 모습을 보고 희망을 가질 것이라는 믿음이 생깁니다.

물론 제가 주어진 모든 기회를 완벽히 해낼 것이라고는 확신할 수 없습니다. 사실 저는 멘탈이 쉽게 무너지는 사람이기도 합니다. 세상은 절대 호락호락하지 않다는 걸 너무나 잘 알고 있습니다. 그럼에도 불구하고 저는 아직도 하고 싶은 일이 많고, 원하는 목표로 향해가는 과정 속에서 때로는 지치고 무너지기도 하지만 올곧게 중심을 지키며 살아갈 것이라는 확신이 있습니다.

사람들과의 인연을 귀하게 여기고, 저와 함께하는 모든 사람들에게 진심을 다할 것입니다. 특히 지금 저와 함께하는 우리 아이들에게 진심으로 고맙습니다. 그리고 지금의 이플피아노를 유지할 수 있도록 믿음과 사랑으로 지지해주신 학부모님들께 평생 감사함을 가지고 살아가겠습니다. 언젠가 마지막 순간이 온다고 하더라도, 그 순간까지 초심을 잃지 않고 온 마음을 다해 이 길을 걸어가겠습니다.